天壹文化

明版彩绘《孔子圣迹图》

退修《诗》《书》：季氏的行为不合周礼,其家臣阳虎又干预国政,孔子不仕,退修《诗》《书》。

夹谷会齐：齐鲁夹谷会盟，孔子相礼，齐景公心生惭愧，归还了先前侵占的鲁国土地。

因膰去鲁：季氏贪享齐国女乐，三日不听政，又不依礼分祭肉于大夫，孔子因此离开鲁国。

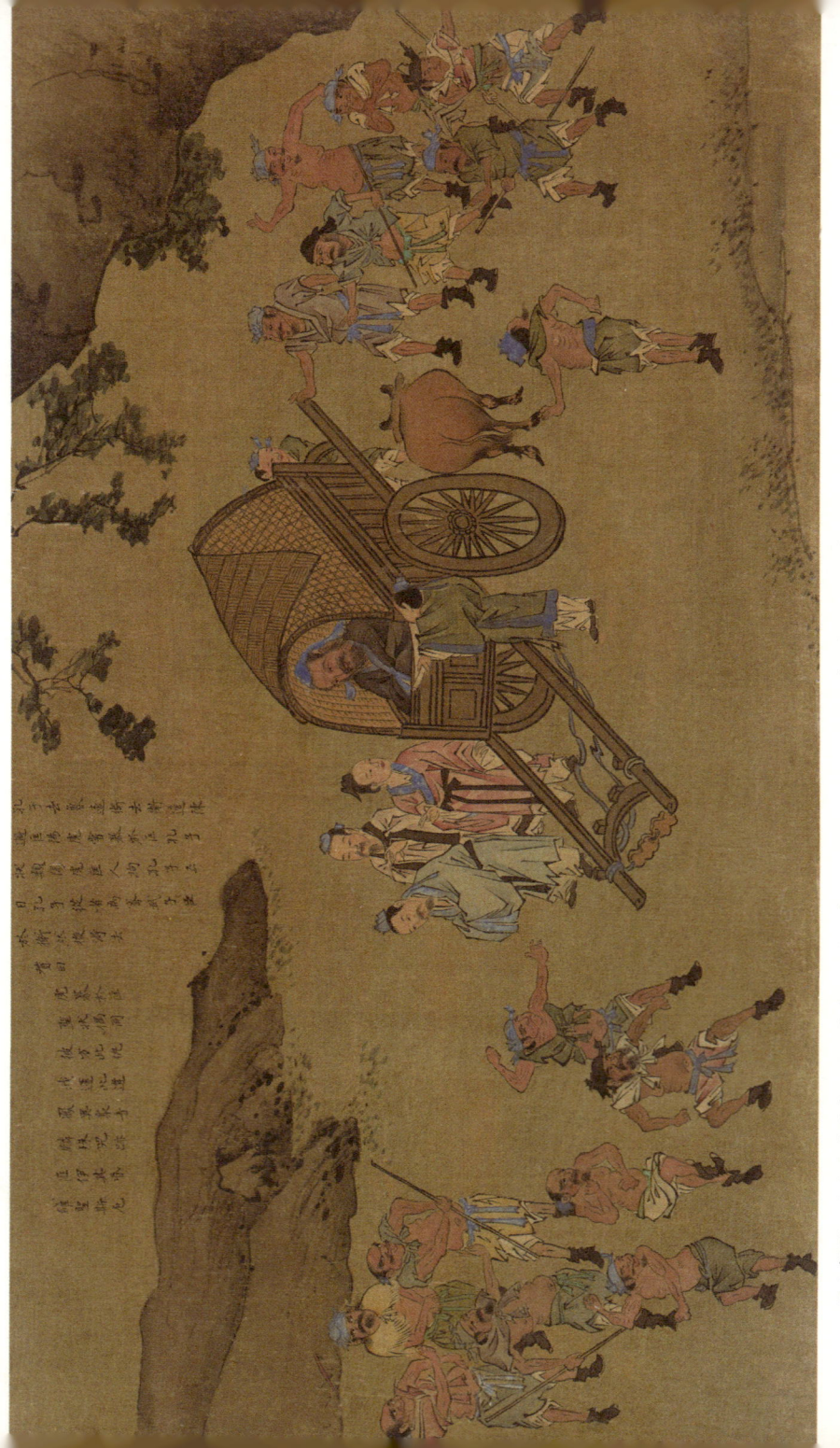

匡人解围：孔子路过匡地，匡人将其误认为阳虎，便围困了孔子，后经宁武子帮助才得以解围。

宋人伐木：孔子至宋，与弟子习礼于大树之下。桓魋欲杀孔子，而伐其树，孔子乃离宋。

西河返驾：孔子想去晋国，至黄河之津而闻晋国执政赵简子杀贤大夫，孔子因伤其类而返驾。

在陈绝粮：孔子路经陈蔡两国交界时，被两国士兵围困，断粮多日仍弦歌不辍。

子路问津：孔子返蔡途中，见长沮、桀溺二人耕地，认为是隐者，便派子路问路，却被嘲讽。

删述六经：季康子迎孔子归鲁，孔子不仕，乃定《礼》《乐》，删《诗》《书》，赞《易》，修订《春秋》。

西狩获麟：鲁哀公十四年春，西狩大野，叔孙氏家臣获麟而杀之，孔子乃有"吾道穷矣"之叹。

梦奠两楹：鲁哀公十六年四月，孔子生病，梦见自己坐于两楹之间，预知死期将至，乃有"泰山其颓"之叹。

治任别归：孔子卒后，众弟子服丧三年后诀别离开。独子贡结庐于墓旁，共服丧六年才离去。

孔子

永不妥协的大生命

李山 著

天地出版社 | TIANDI PRESS

图书在版编目（CIP）数据

孔子：永不妥协的大生命 / 李山著 . — 成都：天地出版社，2024.7
ISBN 978-7-5455-8109-6

Ⅰ.①孔… Ⅱ.①李… Ⅲ.①孔丘（前551—前479）—哲学思想—研究 Ⅳ.①B222.25

中国国家版本馆CIP数据核字（2024）第007838号

KONGZI：YONG BU TUOXIE DE DA SHENGMING
孔子：永不妥协的大生命

出 品 人	陈小雨　杨　政
作　　者	李　山
责任编辑	孙　裕
特约编辑	王　超
责任校对	卢　霞
封面设计	周伟伟
责任印制	王学锋

出版发行	天地出版社
	（成都市锦江区三色路238号　邮政编码：610023）
	（北京市方庄芳群园3区3号　邮政编码：100078）
网　　址	http://www.tiandiph.com
电子邮箱	tianditg@163.com
经　　销	新华文轩出版传媒股份有限公司

印　　刷	北京文昌阁彩色印刷有限责任公司
版　　次	2024年7月第1版
印　　次	2024年7月第1次印刷
开　　本	880mm×1230mm　1/32
印　　张	10
彩　　插	12P
字　　数	188千
定　　价	68.00元
书　　号	ISBN 978-7-5455-8109-6

版权所有◆违者必究

咨询电话：（028）86361282（总编室）
购书热线：（010）67693207（营销中心）

如有印装错误，请与本社联系调换

目 录

引 子
1

第一章
"陈俎豆，设礼容"：生于礼乐之邦
001

第二章
"有教无类"：孔子办教育
019

第三章
"道之以德"：孔子的政治思想
037

第四章
"子奚不为政"：面对阳虎之乱
053

第五章
"四方皆则之"：孔子从政
075

第六章
"丧家之狗"：孔子周游列国
095

第七章
"知其不可而为之"：孔子南游
113

第八章
"子为国老，待子而行"：孔子归国
133

第九章
"仁者，人也"："仁"的真义
153

第十章
"人能弘道，非道弘人"：孔子的人文主张
173

第十一章
"论次诗书，修起礼乐"：孔子删《诗》修《礼》
187

第十二章
"信而好古":《尚书》与《春秋》
215

第十三章
"后其祝卜""观其德义":孔子赞《易》
235

第十四章
"弟子弥众,至自远方":孔子和他的门徒
257

第十五章
"哲人其萎乎":孔子之死
279

尾　声
孔子是一个大生命
293

孔子年表简编
299

孔子家谱
306

引　子

几千年的中华文明史，若问是谁对中华文化人群的影响最大，答案恐怕非孔子莫属。

这么说有各种原因。自西汉开始一直到清朝晚期，历代王朝选择儒家思想为国家政治的指南，历代读书人都要熟读儒家经典，才有出仕进身的机会，这肯定是最重要的原因之一。

其实，还有一个原因也很重要，就是孔子关于人生的洞见，对于如何做个人，做个有品质的人，有长久的启迪意义，至今如此。

《论语》开篇第一段："学而时习之，不亦说乎？有朋自远方来，不亦乐乎？人不知而不愠，不亦君子乎？"第一句就是讲"学"和"习"，尤其是"学"。一个人好学，则上进，不好学，则易俗气。古代如此，现在也一样。第二句是讲要交朋友，《论语》说损者三友、益者三友，当然是提倡交好朋友。第三句，重点是讲"不愠"。"人不知"解释有两种：其一，教人家但人家不懂；其二，我不被人知。两种解释，后一种最有意味。人家不知道我，我就"愠"（恼怒），这样子做人，算个什么呢？我曾说"《论语》二十几岁就读，一些道理，四五十岁才懂"，说的就是《论语·学而》中开篇三句话中的最后这一句。说这句话难懂，不在它的字面，而是人们不易把它当回事，不照着去做。这关乎读《论语》的要领：切己。朱熹的《四书章句集注》引程子的话，大意是：有的人读了《论语》和没读一样。那就是因为不能"切己"。就是说，读《论语》，最重要的是态度，不是从中学点古代知识或文言词汇，而是学做人的智慧。"人不知而不愠"，孔子说能如此才是"君子"，反之，如果"愠"了，那成了什么呢？孔子没说，你自己想。真照着这句话想一想自己待人接物，动不动就"愠"，岂不是"小人"？"愠"还是"不愠"，小人还是君子，都在一念之间。这样一想，可不得惊出一身冷汗？

这就是儒家学问要领性的内容，用现代的话来说，它关乎情绪的自我管控。人生活在世界上，与人交往，不论是谁，生气、恼怒，即意味着交流失败，哪怕是跟家里人。道家说：自胜者强。管控好自己的情绪，就是"自胜"，儒、道在这里没矛盾。承着《论语》的道理而来的《中庸》，它讲"喜怒哀乐之未发，谓之中；发而皆中节，谓之和"，仍然是情绪管控问题。人有诸多情绪，这是人高于动物的地方，可也会让人生面临一大难题：协调好各种情绪，遇事不让情绪做主，很难，这是大学问。儒家讲修身，这就是修身，这是很考验功夫的。这一学问做好了，用《中庸》的话说就是"中和"，就能得"天下之达道"。

近年读经典的风气颇盛，有位老先生说：大家都读《论语》《老子》，知道这两本书是写给谁的吗？在古代都是写给"一把手"的。《老子》言"江海所以能为百谷王者"，是"一把手"的学问，《论语》讲"譬如北辰"，讲"举贤才"，也是"一把手"的学问。可是，"一把手"不是谁都做得上，但如果做不上，人们就没有"一把手"会遇到的问题了吗？"一把手"也可以理解为这样的譬喻：做人，人性为自己做主。"人不知而不愠"，"不愠"就是人性控制了动物性（非理性），因而显示了一点"涵养"的出息，像个人。《论语》中樊迟和子张都问过如何"辨惑"的问题，孔子一答之以"一朝之忿，忘其身以及其亲"，一答之以"爱之欲其生，恶之欲其死"。前者说人遭遇不顺而气愤，愤怒一来不管不顾甚至牵连到亲人；后者是说爱一个人就让他活，恨一个人就恨不得让他死。这都是情绪做主，都是"一把手"不当家，也就是毫无涵养，戾气太重。在我们这个时代，不管老少，戾气重的人可不算少。这让我们读《论语》别有一番感受。由此，读点《论语》确实是必不可少的。

《论语》中必不可少的道理，还有许多。例如"仁"及与之息息相关的"恕"等。我在这本书里讲，"仁者，人也"，翻译成白话，就是"他人也是人"。这就要问，谁是"他人"？回答：与我不相干、不认识的人，是"他人"。中国人把亲人、自己人乃至认识的人都当人，把不认识的人不当人，这样的现象还少吗？可是，这恰恰违背了"仁"的精神。考验你有没有点"仁"味儿，就看你如何对待与你不相干的人。我在书中，还做了一点分别，我以为孔子讲"仁"，并不针对一般民众，而是针对那些贵族君子。《论语·宪问》"君子而不仁者有矣夫"可证。《论语》中，孔子不承认自己是"仁者"（《论语·述而》："若圣与仁，则吾岂敢？"），却说自己做人一以贯之的道是"忠恕"（《论语·里仁》："夫子之道，忠恕而已矣。"）。尤其是在对子贡讲"恕"道时，还说到"己所不欲，勿施于人"（《论语·卫灵公》）这句近似"仁"的定义的句子，这些正是"恕"与"仁"息息相关的明证。我以为，读《论语》，将一个"恕"字理解了，比什么都重要。因为能否宽容体谅地以"恕道"对待所有人，是衡量你是否为真正"君子"的尺子。这些，我在书里讲了许多。

正因为《论语》中有长久启迪心灵的内涵，所以孔子，他是个什么样的人，有着怎样的生活经历，是什么机缘让他发现"仁""恕"的道理，诸如此类的问题，也让人很感兴趣。

那么孔子是个什么样的人？这话本身就有意思。西汉中晚期有人吹嘘，说孔子是上天派他下凡，为汉家立法的，孔子降生时还穿着黑色衣服。这鬼吹灯的话，东汉的王充就开始反对了。在当时，精神正常的人也都不信。关键在于，由孔子亲传的学生编纂的《论语》，都不允许将孔子神化。

孔子，是什么样的人？汉学家芬格莱特《孔子：即凡而圣》(Confucius: The Secular as Sacred)一书的观点很好。孔子是有生有死、有喜怒哀乐、有儿有女的普通人，亦即他是凡俗中的人，他的不同在于他能在凡俗中成就神圣的人生。这就叫"即凡而圣"。

孔子成就非凡，靠的是自身的努力，具体说就是好学。《论语》开篇第一个字就是"学"，"学而时习之"的"学"。孔子因好学而博学，他的博学在当时使他有"国际性"的声望。吴国战胜越国，拆毁越国国都会稽的城墙，发现了超常的人骨，吴国人不知道怎么回事，越国人也不懂。有使者到鲁国，特地带着这个问题找孔子询问。

博学的孔子创造性的人生事业，首先是"有教无类"的办学，招生不分身份上的贵贱。他说："犁牛之子骍且角，虽欲勿用，山川其舍诸？"（《论语·雍也》）杂花牛（或耕地的笨牛）生出通身赤红的小牛犊，如果因其父亲出身不好就舍弃小牛犊不用，山川的神灵也不会同意的。这是打破出身论、血统论的言论，在那个贵族主宰一切的时代是十分"忤逆"的，又是十分伟大的。他因博学而有资格办学，他教学主张"有教无类"，是因为他相信，历史创造的文化，只有被更多的人接受，社会文明提升范围才会更加广大。在文化上，人弃我取，也是孔子的不凡之处。贵族没落，斯文坠地，"大师挚适齐……鼓方叔入于河，播鼗武入于汉，少师阳、击磬襄入于海。"（《论语·微子》）太师挚，孔子曾称赞过他的礼乐演奏，他与鼓方叔、播鼗武等不少从事礼乐的专业人士一样，因官府养活不了而投奔了他人。他们的专业，即西周以来建立的内涵丰富的礼乐文化，也就散开去了，失传的危险剧增。正是在这样的历史时刻，"吾自卫反（返）鲁，乐正，《雅》《颂》各得其所"（《论语·子罕》），亦即开始了文献的收集、整理工作。由此，孔子开始了儒者的事业。"述而不作"，在讲授古典的文献中，提纯知识，熔铸观念，传播理想。

　　孔子教学，目的在改善社会文明状态，即要将不把人当人的社会改造成"仁者人也"的世界。这就需要权力，需要政治，因为"把人当人"必定涉及各种权益的分配。孔子认为当下的从政者有太多"斗筲之人"，他要为社会提供一些有"君子"品格的人。按照这样的教育目标，孔子及孔子之后的儒者，都强调"内圣外王"，即先有刚正良善的品格，然后成就一番立人、达人的事业。这方面，他未能成功，小试牛刀而有所获的学生有一些，如子路、言偃，子贡的外交官做得也蛮出色，但最有希望的颜渊死得早，而获得较大权力的冉有却背叛了师教。古代政权私有，权力实施多暗箱操作，不适宜君子。但是，这样的政治人才理念，却对后世影响甚大。

上面说过，孔子的人生是"即凡而圣"。他不是要带人出离这个世界，而是要改善世界。因而他周游列国，却四处碰壁。对此，书中也说过，孔子一生最出彩的地方，在其对理想的坚持，碰了一百多次壁，仍不放弃。他游走当时的黄淮平原一带，遇到不少失魂落魄的有智有识之人。长沮、桀溺讽刺他，荷蓧丈人讽刺他，楚狂接舆讽刺他，对这些人，孔子客气相待，他的回击要言不烦：人总得生活在人的世界，你长沮、桀溺不是"耦而耕"吗？不是结成小社会吗？你荷蓧丈人不是也有自己的儿子吗？有儿子就有家庭，就有家庭伦常，就是生活在"社会"之中。世界、社会，是人主观上想逃离就逃离得了的吗？做隐士，是做不彻底的。因为所谓"隐"即离开社会，这与人是社会群居动物相矛盾，终是擢发自升。孔子回复隐士讥讽的言论振聋发聩，这正是他所倡扬的入世的中国人文精神最精彩的地方。世界充满了无奈，但因其无奈，就不生活了吗？儒家的坚忍不拔，在这方面，是大有启迪意义的。

经由《论语》等各种文献，勾勒孔子一生，初觉无奇，深味之则意趣盎然。如他对学生，对颜渊先是不解，后来又明表佩服，说他"闻一知十"。佩服学生，是一般老师难以表达的。孔子与子路的关系最有趣，书中我说他们的关系颇似《水浒传》中的宋江与李逵，一句"好勇过我"，显示出的是两人气命上的相通。

与子贡的关系,则是聊得来。老师问子贡,你与颜渊比,学习上谁更强?子贡说:"赐也何敢望回?"老师接茬说:"弗如也,吾与汝弗如也!"(《论语·公冶长》)气命相通,何其难得。老师与学生聊得来,也说得上是奇缘。师生之间的情谊,是人间最美的情感之一。

  这就是孔子的有趣之处,孔门的有趣之处。生龙活虎,生气勃勃,其实都是由好老师诱发出来的精气神儿。孔子的一生,正因其自身深广的心灵,深广的精神,而光彩无限。

  这需要仔细体会,才能感受到。

第一章

「陈俎豆，设礼容」：生于礼乐之邦

要讲儒家，要讲儒家文明，要讲儒家的思想，讲它的生活观念，讲它的社会理想，当然离不了讲孔子。讲到孔子这个人，我们先要讲讲他的家世，以及他的生平。了解了他基本的生命历程，之后才能理解他何以提出那样的思想。

先王之裔：孔姓的由来

（前711年）宋华父督见孔父之妻于路，目逆而送之，曰："美而艳！"

——《左传·桓公元年》

（前710年）二年春，宋督攻孔氏，杀孔父而取其妻。公怒，督惧，遂弑殇公。君子以督为有无君之心而后动于恶，故先书弑其君。会于稷以成宋乱，为赂故，立华氏也。宋殇公立，十年十一战，民不堪命。孔父嘉为司马，督为太宰，故因民之不堪命，先宣言曰："司马则然。"已杀孔父而弑殇公，召庄公于郑而立之，以亲郑。以郜大鼎赂公，齐、陈、郑皆有赂，故遂相宋公。

——《左传·桓公二年》

孔子的家族延续到现在，已经有两千五百多年之久了。如果文献中记载的是事实的话，从孔子往上算，还有很长的世系，他最远的祖先可以追溯到尧舜时期。尧舜之后是夏、商、周，夏王朝近五百年，商汤伐夏桀，商王朝延续了五百多年后，新的王朝又出现了，这就是武王灭商纣建立的周王朝。古代有一种观念，灭人的国家，不灭人家的香火后代。因为没有了香火后代，逝者就成了孤魂野鬼，就要四处游荡，找人作祟。商朝那些先王，如果成了作祟的孤魂野鬼，找谁闹？当然要找周王闹。在这样一种愚昧的迷信观念之下，商王朝被灭后，周人特意为其保存了一支后人，分给他们一块地方，让其建一个邦国，去"血食先王"。"血食"就是给祖宗神灵上供牛羊猪的生肉。这个保留了殷商后裔的国家就是宋。

宋在哪儿呢？在今天河南商丘附近。宋国的第一代君主是微子启。他是商纣王的庶出兄长，庶出就是妾生。周武王克商时，他可能较早投诚，所以周人灭商后不久，准确地说是在周成王时代，周公旦平定了商纣王的嫡子武庚联合"三监"（"三监"是周武王在殷都朝歌附近建立的三个姬姓诸侯国，其国君分别为管叔、蔡叔和霍叔，都是周武王、周公旦的亲兄弟，负责监视武庚，"三监"在武王死后，不满周公旦摄政，而与武庚联合发动叛乱）发动的叛乱后，就封微子启于今天的商丘一带，建立了宋国。宋这个邦国，从西周一直延续到春秋战国时期。由此，也可以说微子启是孔子的祖上。

微子启是宋国第一代君主，第五代君主就是宋湣公。宋湣公有个儿子叫弗父何，他就是孔子的十代祖。按照文献上讲，孔子这位十代祖，本来是有资格做宋国君主的，但他让贤了。这样的举动让弗父何获得了很大的名声。一点儿小权力、小富贵，让就让了，君主那样高的位子还能让，这就不是庸常之辈所能做到的了。许多年以后，在孔子三十多岁的时候，鲁国的一位大贵族还在说弗父何让位的故事，称赞他是个圣人。

弗父何后人往下传，就传到了孔子的七代祖正考父。这个人作为大夫，辅佐过宋戴公、武公、宣公三代君主，官做得越久，越是谦恭。据说为他铸造的鼎上刻写的铭文是："一命而偻，再命而伛，三命而俯，循墙而走，亦莫余敢侮。饘（zhān）于是，鬻（zhōu，粥）于是，以糊余口。"大意是正考父受册命越多，态度越谦恭，腰弯得越低，生活上越是简朴小心。可知正考父是一位非常谦虚谨慎的人。正考父生活的时代已经是西周后期及春秋早期了。文献记载他曾带着《诗经·商颂》的写本到洛阳周太师那里做过一番校正，是一个关心典籍传承的人。他想不到的是，他的七代孙孔子，也整理过《诗经》，使散乱的《雅》《颂》诗篇"各得其所"。而且，包括《诗经》在内的几部典籍在孔子这里，被确定为传之久远的文化经典。

到了孔子的六代祖，这个家族遇到了大麻烦。今天都说孔子姓孔，这个"孔"，又是怎么来的呢？准确地说，"孔"不是姓，而是氏。孔子的六代祖叫孔父嘉，从弗父何到孔父嘉这一辈，已经到了第五代，所谓"君子之泽，五世而斩"，五代祖之后的"凤子龙孙"，就得另立宗族。这另立宗族的第一代既然叫作孔父嘉，按古代命名习惯，孙子一辈就可以取祖父名中的一个字当作自己的氏。照此例，孔父嘉的孙子辈，就可以叫"孔某某"了。这个"孔"，就是从孔父嘉的"孔"来的。

说起来，孔子的"孔"不是姓，孔子家族应该跟宋国国君一个姓，子姓。不过在古代，妇女称姓，男人称氏而不称姓。现在常见一些书中把周武王称为"姬发"，周公称为"姬旦"，古人是不这样叫的。所以中国现在很多家族的所谓姓，原先都是氏，氏是姓的分化形式。比如姓张的，据说就是因为从事造弓箭这一行当，就姓了"张"了。至于从事造弓箭这一行当之前姓什么，就没法知道了。

言归正传，孔父嘉在宋国做过大司马，辅佐宋殇公。宋殇公在位十年，打了十一仗。十年打了十一仗，一个国家，平均每一年都不歇着，还加塞儿饶了一场，你想想宋国的老百姓那日子过得有多惨！过得不好，百姓就有意见。这个时候就有一个野心家出来利用民意生事端，为自己捞好处。这个人叫华督。华督一看自己有机会上台，就撺掇老百姓闹事，借民怨把孔父嘉杀死了。

孔家的这次灾难，还有另外的记载，把华督杀死孔父嘉的事件解释为"桃色事件"。《左传》中说，孔父嘉的夫人非常漂亮，有一天出门不小心给好色的华督看到了。"宋华父督见孔父之妻于路，目逆而送之，曰：'美而艳！'"（《左传·桓公元年》）华督见了孔父嘉的老婆后，魂不守舍，忘乎所以，色眯眯地老远迎着看，人家走远了还追着看，情不自禁，流着口水说："美而艳！"好色的华督，惦记上人家老婆，就开始耍手段整老公，夺权且夺妻。这是《左传》中的记载。

不论具体情形如何，孔父嘉最终家破人亡了。孔家的男人由原来的大夫身份降到了士，在宋国也待不下去了。据说又过了两代，到孔子曾祖孔防叔就举家来到了鲁国。孔防叔在宋国是贵族，可迁移到他国，原来的身份只有参考价值，前提还得是人家买账。孔防叔在鲁国大概是做鲁国贵族的家臣。孔防叔生了伯夏，伯夏生了孔子的父亲——叔梁纥。

有力如虎：孔子父亲的战功

晋荀偃、士匄（gài）请伐偪（fú或bī）阳，而封宋向戌焉。荀䓨（yíng）曰："城小而固，胜之不武，弗胜为笑。"固请。丙寅，围之，弗克。孟氏之臣秦堇父辇重如役。偪阳人启门，诸侯之士门焉。县门发，郰人纥抉之以出门者。

——《左传·襄公十年》

叔梁纥这个名字很奇怪，怎么不姓孔呢？"叔梁"是他的字，"梁"就是"良"，良好的意思。古人用伯、仲、叔、季给儿子排行，照此例，孔子的父亲应该排行老三。他的大名是"纥"。叔梁纥是字、名同称，这是古人称呼上的一种习惯。在《左传》里，叔梁纥又被称为"郰（zōu）人纥""郰叔纥"。可不能小瞧这个"郰人"，其意是郰邑大夫，这是士一级的大夫。那么，叔梁纥怎么有资格做起鲁国的官了呢？是拉关系、走后门、溜须拍马？都不是。叔梁纥有赫赫的战功。在《左传》这部记录春秋时期历史的著作里，两次记载了叔梁纥的战功。

第一次是偪阳之战。据《左传》记载，此战发生在鲁襄公十年（前563年）。此战由晋国主导，参战的都是晋国的同盟国，目的是联吴制楚。当时鲁国也派大臣孟献子率领军队参战。偪阳这个东方小邦，城邑不大，但在亡国之灾面前表现得却很顽强。战斗中，他们采取了关门打狗的办法，放一部分鲁国士兵冲入城门，之后把城门放下来，眼看冲进去的鲁国士兵成了瓮中之鳖。千钧一发之际，突然冲上去一个勇士，双膀一用力，"嗨"的一声，把厚重的闸门托了起来！当时在场的人都看傻了，这分明是大力神下凡啊！这位勇士就是叔梁纥。

叔梁纥第二个战功是在守防邑时建立的。这件事发生在偪阳之战后七年（鲁襄公十七年，前556年）。七年过去了，叔梁纥的英雄气概仍不减。这一年秋天，齐国军队进入鲁国境内，其中一路包围了鲁国的城邑防（今山东泗水县境内），鲁国地位很高的大臣臧纥被围在了城里。鲁国人赶紧派军队从一个叫阳关的地方出发去为防邑解围，可军队走到了一个叫旅松的地方，就不敢前进了。援军踌躇不进，怎么办？正在守卫防邑的叔梁纥又站了出来！他和另外两位勇士带领三百甲士，趁着夜色，从防邑突围，把臧纥一直护送到旅松，之后，又领着三百人杀回防邑，继续守城。齐国在上一年就打过鲁国，结果被一个叫孟孺子的勇士给吓了回去，不想这一次又碰上了叔梁纥。齐国人心里打鼓，心想：鲁国到底有多少这样的勇士啊？心里一怕，就撤军了。

两次战争以后，叔梁纥英雄好汉的声誉就在鲁国传开了。这里插几句，史书上写孔子的六世祖母是大美人，因此孔子的遗传基因里有漂亮的质素；叔梁纥又是力士、勇士，所以孔子的身材容貌应该不会差。据说孔子年轻时就被叫作"长人"（个子高的人），有研究认为他的身高有一米九三。长得不差，身材高大，该是高大健美的古代帅哥模样啊！可是你看我们古人画的孔子像，缩着脖子，龇着牙，样子实在不敢恭维！不过古人这样画，也有其来历，这就是"圣人奇相"，即非凡之人都长得稀奇古怪。这样的说法，先秦时期就有了。明清以来人物画已经非常写实，孔夫子像却画成那副尊容，就是为突出他有"奇相"。

因为战功，叔梁纥的身份有所提升，做了陬邑这个地方的官员。所以，孔子的出生地不在今天的曲阜。人们今天到曲阜去看"三孔"（孔府、孔庙和孔林），实际上这个地方不是孔子的出生地，因为他父亲做官、生子都不在这儿。他父亲在曲阜的城外做官，《史记·孔子世家》说是鲁昌平乡陬邑，到底在哪里，具体地点说法不一，有人说在今山东泗水县东南，有人说在今邹城，也有人说就在今曲阜往东南走十几公里的地方，那个地方现在还有息陬镇，以"陬"为名的村子还有好几个。可能后一说较接近事实，因为叔梁纥的墓地就在这一带。正因为叔梁纥在陬为官，娶妻、生子也应该就在这里。

这就是孔子的先世，一个很遥远的世系，一直传到孔子这儿。因为有了孔子，这个姓氏传得非同一般，到今天已是第八十代了！

祷于尼丘得孔子：孔子出生

> 徵在既往，庙见。以夫之年大，惧不时有男，而私祷尼丘之山以祈焉。生孔子，故名丘而字仲尼。
>
> ——《孔子家语·本姓解》

叔梁纥是战斗英雄，本领高强，力大无比，但他也有自己的遗憾，觉得对不起祖宗：这么多年他始终没有生出一个合格的儿子来。"不孝有三，无后为大。"叔梁纥倒不是无后。他先娶了一个妻子，又娶了一个妾，给他生了几个女儿和一个儿子。有记载说叔梁纥在孔子之前，一共育有九个女儿。九女之外，就是妾给他生的那儿子，叫孟皮，又有一说叫伯尼。不幸的是，孟皮有足疾。文献上没有交代是什么病症，总之是腿脚不利索。要知道，古代祭祖的时候，家里面男主人一瘸一拐地行礼上供，是不合礼仪的。所以叔梁纥就想着再娶一房，于是娶了孔子的母亲颜徵在。

颜徵在嫁给叔梁纥，司马迁写《孔子世家》记录这件事情时用了"野合"两个字，说是"野合而生孔子"，又说是"祷于尼丘得孔子"。关于"野合"，古人的解释多是说，叔梁纥娶颜徵在不合礼法，因为俩人的年岁差别太大，颜徵在才十七八岁，叔梁纥却是六十开外的老头子了。按照这种解释，一个六十岁开外的老头子，娶一个十七八岁的女孩，女孩能答应吗？文献记载说颜徵在是遵从父命，也可能是她看上了老英雄，爱的是叔梁纥的英雄本色，也就不嫌他老了。反正这是一段奇特的婚姻，而且生了个了不起的儿子。

关于"野合"，也可以有其他的解释。这得从"祷于尼丘得孔子"一句求解。尼丘是一座小山，是蒙山的一部分，在曲阜东南三十公里左右。

有一部电影叫《五朵金花》，讲兄弟民族的故事。说是在一个叫蝴蝶泉的地方，男女对歌相亲，自由选择爱人，到了会见的时节，大家盛装前往，英俊而善于歌唱的少男少女会有好的选择和归宿。这样的习俗不只是兄弟民族有，汉民族也曾有过。

按《周礼》记载——注意，这样的记载实际上已经被包装过了——到春暖花开的时候，在一些有桑林的河畔，大龄男女们可以自由相会。这个节日里发生争夺纠纷，国家还有官员媒氏专门负责调解。平常是不行的，不经过父母之命、媒妁之言的婚配，叫作"奔"，《诗经》里就有谴责这种行为的句子。但在这一天没问题，不但没问题，《诗经》里还难得地记录了当时男女对歌的篇章，其中有一首诗叫《褰裳》，是这样唱的："子惠思我，褰（qiān）裳涉溱；子不我思，岂无他人！""惠"表示疑问，褰裳就是撩起裙子的意思，实际不用解释就看得懂：你看中我了吗？

撩起裙子过溱水去找你；你若看不上我，难道我就没有别人可找了！

古人有这样的风俗，其实就是为了鼓励生育。而且男女自由相会的场合，也不一定在河边水畔，高丘之地也是可以的。《诗经》记载在陈国有一个宛丘，就是男女自由相会的地方。考古人员在红山文化区域发现过与生殖崇拜有关的"女神庙"，其中发现女神雕塑的地点就在一个半山坡上。照此例推，叔梁纥和颜徵在到尼丘上祈求生育儿子，可能是遵循一种古老的生育风俗。他们在那里对着管生育的神灵，又唱又跳，老英雄叔梁纥虽年事已高，但在自由的野性风俗的激励下，老当益壮，终于成功有了一个健康的儿子，这是很可能的。这也可以合理解释"野合"。

现在的尼山有一个尼山书院，旁边不远的地方还有一个夫子洞，狭小潮湿。有人说那是孔子的出生地，这应该是以讹传讹了。谁在这样的地方生孩子？可是尼丘的古老求子风俗应该是有过的。以上我们介绍了孔子的出生。

三岁而孤，好学成才：好学改变命运

子曰："十室之邑，必有忠信如丘者焉，不如丘之好学也。"

——《论语·公冶长》

孔子出生时，他父亲年纪已经很大了。孔子到了三岁，父亲就去世了。孔子是由母亲带大的，孟子也是母亲带大的，后来的欧阳修也有一个好母亲。中国历史上很多圣贤都有一个共同特点，就是先没了父亲，由母亲带大，最著名的故事就是"孟母三迁"。孔夫子由母亲带大，颜徵在对他的教育之功一定是很大的。

史书上记载说，孔子从小就跟一般小孩子不一样。据说孔子小时候过家家就会"陈俎豆"，即学大人祭祀。孔子从小在母亲的熏陶影响下，关于殷商时期有多少贤王、贤臣，自己家族先人在宋国的情况，叔梁纥的战功，等等，一定从母亲嘴里知道了不少，而且还记到了心里。破落贵族多纨绔，然而出个把风华绝代的人物，历史上这类事也颇有一些。

孔子为人的一大特点，就是好学。刚才我们说陈俎豆，什么叫俎？就是案板。豆是什么？就是在案板上放的有点儿像今天高脚杯似的容器，是盛祭祀用品的。孔子稍大一点儿，别的小孩子整天翻墙上树、摸鱼摸虾，干些调皮捣蛋的事情，孔子则不然，他看了别人祭祀，就模仿。这就是学习，而且学习的是"礼"。看这样的记载，可知他真是天赋异禀，真有点儿上天派他拯救衰落的"周礼"的意思！

孔子的父亲虽然是一个邑的大夫，但在孔子年幼时就去世了，对孔子的成长并没有起太大的作用。孔子要想在这个世界上进身立世，靠什么？一个字：学。诸多的文献告诉我们，孔夫子是个好学者。打开《论语》第一篇，开头一个字，是什么？学！"子曰：'学而时习之，不亦说乎？'"（《论语·学而》）一开篇就是学习。孔子自己也说："十室之邑，必有忠信如丘者焉，不如丘之好学也。"（《论语·公冶长》）孔子的意思是说：论忠信，哪怕十户人家的一个小村落，也会有如我孔丘这样的人；可要论好学，那就很难找到像我这样的了！这是实话。孔子能进身立世，成为一个伟大的教育家、思想家，以及文化的整理、保存和提纯者，首要的一点就是好学。

各种记载说，孔子无常师，他向那些没有势力的歌舞艺人学，向外邦的郯（tán）子学，向周王室的大夫苌弘学，还向周王室的史官老聃学。除了这些，《论语·述而》篇说："三人行，必有我师焉。择其善者而从之，其不善者而改之。"《论语·里仁》篇说："见贤思齐焉，见不贤而内自省也。"见到别人的长处，他学；见到别人的短处，他也能借以自省。自省也是学，是反向地学。

孔子讲"学"，也带有中国文化的特点。这里不妨与柏拉图笔下的苏格拉底论"学"做个比较。柏拉图的著作多数是记录他的老师苏格拉底与别人的对话，是对话录的体裁。对学习的问题，柏拉图笔下的苏格拉底说，我们所谓的掌握知识，就是向灵魂记忆的深处挖掘。在《美诺篇》中，苏格拉底拿一道几何题给一个没有读过书识过字的奴隶做，在他的提问和引导下，奴隶很自然就把结论推导出来了。苏格拉底说,这证明什么?证明所谓的学习,就是我们记忆当中有一种东西被我们回忆起来了。回忆什么呢?照苏格拉底——实际上是柏拉图——的观点说,我们人类,曾经有一段时间跟神在一起,无所不知,无所不能,结果有一天犯了错误,就被打到了地上变成了凡人,但我们的记忆深处还保存着前生里全知全能的一些东西,学习就是回忆起那些东西。这是西方的观念。

可是,你看孔子的论学,是"温故而知新"(《论语·为政》),是"见贤思齐焉,见不贤而内自省也"。玄虚吗?一点儿也不。孔子说"学而不思则罔,思而不学则殆"(《论语·为政》),《论语》中就是这样强调学习的。"学"和"思",让孔子说,是"学"在前,"思"在后。换成柏拉图笔下的苏格拉底,则变成"思"在前,"学"在后。

思,当然很重要,但孔子并不是念兹在兹的。孔子强调思,但他更强调学。卫国有个孔文子,活着的时候做了一些不好的事情,结果死了以后卫国人(也有人说是孔子)给他的谥号却是"文"。学生子贡就不理解,问孔子,孔文子做了很不好的事,怎么还给他一个"文"的谥号呢?孔子回答:是啊,孔文子是做过不好的事,可是这个人"敏而好学,不耻下问",不觉得向别人请教点儿什么是丢人的事情,有这种好学的精神,就当得起这个"文"字!也就是说,不管孔文子有多少缺点,只要在好学这一点上做得不错，就可以遮百丑！

实际上，孔子本人就以博学著称。孔子周游列国，以他的出身和政治失意者的身份，有些失魂落魄，可走到哪儿都有人接待他。到了卫国，君主要见他，大臣要见他，看管边界的小官员也要见他，就连作风有问题的南子也要见他。为什么？就因为孔子以学问大而声名远扬。很多君主、贵族以为像孔子这样有学问的人可以帮他们治理国家，管理老百姓，跟别的国家打仗就会要风得风，要雨得雨，无所不能！所以，很多国家，特别是那些弱小国家的君主们，在孔子没来之前都很欢迎他。可是真要坐下来，谈谈治国之道，就谈不拢了。孔子学问很大，但他绝不会顺着当权者去欺压良善的民众。

关于孔子的博学，文献记载了一些，甚至有些记载是荒诞离奇的。其中一件见诸历史著作《国语》。鲁国的季桓子家挖井，挖出一个瓦罐一样的陶器，里面装着一个像羊又像狗的东西。大家看形状都说是狗，季桓子派人去问孔子，孔子却说是羊，还讲出了一番道理。这样的故事，今人看了一定会觉得离奇不真实。宽泛地理解，可能是挖出什么地下的文物了，当时不懂，就以讹传讹，越说越夸张了。故事和记载本身虽然荒诞，可是也有一层真实：这个荒诞的故事，实际是在强调孔子的博学，无所不知。

还有一件事情也见于《国语》，当时吴国与越国争霸，吴国打败越国，把越国的城墙拆了，结果拆出很长的人骨头，据说有的腿骨得用一辆车才能装下。大家量一量，发现个子再高的人，腿骨也没那么长。吴国和越国的人都百思不得其解。没办法，等到使臣到鲁国访问的时候，专门让他带上这个问题请教鲁国的孔夫子。还是那句话，这个故事本身的真实性很可疑，但就像神话也有其真实性一样，其强调的仍然是孔子的学问很大。由此可见，关于孔子学问之大，在当时已经出现了一些夸张的传说。

孔子要进身，靠他的身世，早过期了；靠他的父亲，也不成了。身世、家门，都是过期的粮票、作废的证件。孔子就只有一个靠头：学习。所以《论语》强调学习是孔子的一贯精神。孔子强调，在我们的人生中，由一个自然的人，转化为一个文明的人，就是靠学习。孔子本人在鲁国这样一个文化发达的地方扬名，靠的就是博学，是学习让他成了一个有名望的人。

第二章

「有教无类」：孔子办教育

孔子不但好学，而且对学习有深刻独到的见解。学习在他这儿是什么？是改造人们的自然品质，使其拥有健康的人格。《论语·阳货》篇中记载有孔子和高足子路的一段对话，孔子问子路："你听说过'六言六蔽'吗？"子路回答："没有啊。"孔子就说了如下的话："好仁不好学，其蔽也愚；好知不好学，其蔽也荡；好信不好学，其蔽也贼；好直不好学，其蔽也绞；好勇不好学，其蔽也乱；好刚不好学，其蔽也狂。"

这段话是说，一个人如果天生气质偏于仁厚但不好学，容易出现的弊端是愚蠢；如果偏于智慧，聪明但不好学，容易出现的弊端是放荡，冲撞规矩；如果只知道讲信用但不好学，容易出现的弊端是贼，就是不讲原则的江湖义气；如果偏于直，好实话实说但不好学，容易出现的弊端是绞，即说话不讲分寸，瞎正直，尖刻伤人；如果偏于勇敢，胆子大但不好学，容易出现的弊端是乱，不守秩序，明火执仗打砸抢；如果偏于刚，疾恶如仇但不好学，容易出现的弊端是心胸狭隘，不能容人，且对待别人易狂躁。

你看，关于学习，这是多精彩的言论！所谓"六言"，就是仁、知、信、直、勇、刚；所谓"六蔽"，就是愚、荡、贼、绞、乱、狂。"六言"和"六蔽"一一对应。孔子这段话，其实是承认每一个人的天生气质都是好的，但若不加学习，就容易产生种种流弊偏差。

为乘田，为委吏：做人唯有本色难

孔子尝为委吏矣，曰"会计当而已矣"。尝为乘田矣，曰"牛羊茁壮，长而已矣"。

——《孟子·万章下》

所谓的学，就是自我觉悟，自我打磨提升，自知并且自制。实际上就是要经由观察他人的长短得失来警示自己，使得每个人的美好气质都能得到发挥，而不至于堕入流弊。这在孔子的教育中是做到了的。

例如子路，孔子曾认为他"好勇"，可是到了孔子周游列国回到鲁国时，季康子问："子路可以从政吗？"孔子说："由也果，于从政乎何有？"（《论语·雍也》）子路做事果敢，从政对他来说又有什么呢！你看，经过孔子多年的教育，子路就不再是"勇"，而是"果"。"果敢"是经常连用的一个词，就是说，经过孔子的教育，原本"好勇"的子路，在气质上已经是升级版了，他已经从"好勇"的自然气质中升华出一种新品格：果。也就是说，子路做人做事，不再是单纯的气质流露，经过学习，以及对天生气质的觉悟与打磨，他已经确立了一种新的人格。他的天生气质偏于勇，现在有了分寸，有了拿捏，有了做人的智慧，这种气质作用于行为，会有益于社会群体，他就能够从事文明社会生活的创造。由"勇"而"果"，就是自然升进，就是"好学"的结果。什么是孔子所谓的"学"？改造我们的气质，这就是学。

前面说过，孔子少年好学，可他的学不是或主要不是在学校。以他的出身而言，孔子应该是进过学校的，可是他的大多数知识和觉悟都是从生活中来的。孔子少年、青年时的身份是卑贱的。孔子大概二十三岁结婚（还有一种说法是十七岁），可能结婚前后，母亲就去世了。《孟子》里面记载说，孔子少年时给人家放牛羊，也曾给人当过库管员。有人曾问他，你是怎么放牛羊的呢？孔子说，也没有什么新鲜的，就是尽量让牛羊茁壮。学生们也曾问，你是怎么做好库管员的呢？孔子说，没有什么奇特招数，做到账目清楚而已。这就是卖什么吆喝什么。《中庸》讲，君子要"素其位而行"，就是干好自己的本职工作。"三百六十行，行行出状元。"无论什么事情，只要做得精，就是学问。

总之，孔子少年时代好学，是从生活中学，说起来就是认真做事。不单认真做，而且认真想，认真观察体味。用孔子自己的话说就是"君子敏于事"。他地位卑贱，早年干的一些事情都是有身份地位的人不干的。到了晚年以后，有人就奇怪，孔子这个人怎么什么都会呢？他那样多才多艺，什么事情都在行，像百科全书。当时吴国的一位太宰就问孔子的高足子贡："夫子圣者与？何其多能也？"子贡听了，就顺杆往上爬，说："固天纵之将圣，又多能也。"意思是，我们的老师是天生的圣贤，所以才无所不知，无所不能。孔子知道了子贡对吴国太宰的回答，就说了一句话："太宰知我乎？吾少也贱，故多能鄙事。君子多乎哉？不多也。"（《论语·子罕》）

这个话我们很熟悉，鲁迅先生写的《孔乙己》，主人公孔乙己就曾说："君子多乎哉？不多也。"文绉绉、酸溜溜的。这话什么意思？孔子的意思是，因为我少年时身份卑贱，不是那种生来就有好身世、好背景的人，爹死得早，有母亲需要养活，所以做什么能挣钱养家糊口，我就去做什么。放牛羊，管仓库，我都干过。那些有"君子"身份的人，需要这么多的手艺吗？人家并不需要。

从这个故事中，一是可以看到孔子早年的一些状况，二是可以看到孔子这个人的本色。老话说，做人唯有本色难。孔子中年时曾做过鲁国的大司寇，成了有身份的人，随着他的声望日著，身边常有一大帮学生跟着，甚至也有鲁国的一些贵族相跟随。这时候说起自己的早年来，不怕人知道自己早年卑贱的底细，不藏着掖着，这就是本色。做到这一点很难！别人夸他是圣人，学生也顺杆往上爬，孔子却说"吾少也贱"，所以干过不少"鄙事"。孔子，一个很本色的人！本色，就是不俗气。人们说《论语》有很好的文学性，就在从其中的言谈能见出孔子的人品。

有教无类：孔子办教育，不问贵贱

南郭惠子问于子贡曰："夫子之门，何其杂也？"子贡曰："君子正身以俟，欲来者不距（通"拒"），欲去者不止。且夫良医之门多病人，櫽栝之侧多枉木。是以杂也。

——《荀子·法行》

因为孔子有如此本色，所以在有条件办教育时，他能广泛招收那些同样"少也贱"的人。我们知道，在中国文化史上，孔子做了一件很伟大的事，就是办私家教育，就是办"有教无类"（《论语·卫灵公》）的平民教育。孔子后来被尊为"万世师表"，仅就办平民教育说，他也当得起这个尊号。二十世纪四十年代，孔子的生日曾经被设定为教师节。说来说去，孔子的本行是"穷教书"的！请注意，孔子办平民教育是一件破天荒的事情，孔子是第一个吃螃蟹的人。

孔子是第一个提出"有教无类"的人，他说过"自行束脩以上，吾未尝无诲焉"（《论语·述而》）。"束脩"有两种解释，一种解释是"一束脩"是由十条小肉干捆成的干肉条；另一种解释说，人到了十五岁后就该束发修身了，所以"束脩"指的是十五岁以上的青少年。所以孔子这句话的意思，按照第一种解释是，只要拿一点点学费，我就教；按照第二种解释是，我教过不少十五岁束发修身的人。第一种解释更好些，就是"有教无类"。什么叫"有教无类"？就是不管你是谁，只要来学，我就教。

孔子曾经说过这样的话："犁牛之子骍且角。虽欲勿用，山川其舍诸？"（《论语·雍也》）"犁牛"有两种解释。一种是杂毛的牛，犹如今天所说的"狸猫"就是杂色猫，狸猫的"狸"与犁牛的"犁"都通"黎"，杂、众多的意思。还有一种是耕牛。不论是杂色牛还是耕牛，当时都是不上档次的牛，都是在地里干活拉犁、做粗重活计的牛。孔子的意思是，牛犊通身赤红、两角周正，可有人竟因为它的爸爸是粗笨犁牛、出身卑贱而舍弃它，不把它献给山川神灵，恐怕山川神灵也会觉得舍不得吧？文献记载，周人祭祀山川神灵的牛，要用通身赤色无杂毛的牛犊，而且刚冒出头的犄角要周正。孔子这样说，只是在强调这样一点：英雄不论出身。

孔子办教育，主张"有教无类"，就是打破身份限制，不问贵贱。在《荀子》中记载了一个故事。有人当着子贡的面说：你们老师办教育，门庭太杂乱，什么人都有，出身卑贱的，犯过错误的，还有市场里当牙行的市侩之徒，什么人都招收，你孔门儒家的门庭太杂乱了。我们知道，孔子教人，有所谓德行、政事、言语、文学四科。子贡这个人善言辞，孔门四科中他属于"言语"科。子贡怎么回答？子贡说：越有名的医生门前病人越多，而且看什么病的都有；越是好的弓箭修理厂，七扭八歪的弓箭越多。但是经过医生的治疗，经过修理厂的矫正，有病的人可以恢复健康，七扭八歪的弓箭可以重新使用。同样的道理，孔子办教育，就是让那些有问题的人可以成为健康的人重返社会。这话够精彩！很好地表达了孔子办教育不分出身门第、不挑挑拣拣的精神。

礼下庶人：孔子兴办平民教育的文化意义

鲁公伯禽之初受封之鲁，三年而后报政周公。周公曰："何迟也？"伯禽曰："变其俗，革其礼，丧三年然后除之，故迟。"太公亦封于齐，五月而报政周公。周公曰："何疾也？"曰："吾简其君臣礼，从其俗为也。"及后闻伯禽报政迟，乃叹曰："呜呼，鲁后世其北面事齐矣！夫政不简不易，民不有近；平易近民，民必归之。"

——《史记·鲁周公世家》

孔子办教育是很有突破性的。要理解这一点，需要了解一点儿历史，了解古代封建制度下教育权利的问题。

大家知道，周是一个封建制的国家。西周制度意义上的"封建"，不是后来说的"老封建""思想封建"的意思。西周建立之初，人很少。周人打天下，把殷商王朝干掉了，他们面临的是什么呢？从地域上来说，东到大海，西到今天的陕甘，北起燕山内外，南到江汉平原，这么一大片地方。这么大的地方要统治，怎么办？当时，商王朝虽然亡了，可还有一大群殷商遗民。从人数上讲，殷商遗民总得在百万左右。周人呢？周人灭商时有多少人，史书上没有明确的记载，但是可以推测，史书记载周武王灭商时是三千虎贲之士直捣敌穴，擒贼擒王，一个早晨就把商纣王灭了。按照古代五家出一兵来反推，五家出一兵，三千的五倍为一万五千户。一个家庭里少则五六口，多则七八口。算来算去，多则十余万，少则七八万，就是给它翻倍，也就二十万左右。

这样少的族群，面对那样广大的地域，众多的异姓异族，周人聪明地采取了封建制。周王将自己的亲人和盟友如姜太公等靠得住的人，分封到各地去，让其建立城邑驻扎下来，每人统治一个相当广阔的地区。这就是分封诸侯、封邦建国，也就是"封建"。这是一种控制战略要地并且化整为零的做法。如北京，当时是燕国，我们知道，这个地方向北通往今天的东北，向西北通往内蒙古草原，所以这个地方是咽喉要路，需要封建一两个国家。

在周初，封建了五十几个这样的诸侯国家。可是前面说过，周人群体一开始人很少，至多不过二十万。本来不多的人分出五十几个邦国，一个邦国所得的人数就很少，至多不过几千人而已。这样少的人要建一个邦国，控制一大片地区，谈何容易，所以他们要修一个城邑，夯土建造城墙，将自己围在其中，这样才安全，才有控制广大乡野的条件。这样的城邑，就是"国"，说白了就是由土墙围起来的城郭。国就是"郭"，城郭的意思。住在"国"中的人，主要是征服者，也就是随着西周封建制的实施，从今陕西移过来的一批占领者，他们要依"国"而居，所以称"国人"。当地居民还住在原有的村落里，称"野人"。"野人"是与"国人"相对而言的。

文献记载，西周建立后很重视兴文教。但是由于历史的局限，他们只在"国"的范围内办文教。至于野人，只要不造反、按时交赋税就可以了。所以，尽管西周礼乐文明很发达，但一直到孔子出世以前，大体是"礼不下庶人"的。这里的"礼"，可以理解为文教。不过呢，历史在发展，而且周人用封建方式统治中原广大地区，政策上的主导倾向是讲究周人与其他人群融合的。

据现在所能看到的文献记载，周人办教育主要是在"国"中办，"野"的范围内的民众，也就是周人而外的原有居民，是享受不到周人所办教育之泽的。到了春秋晚期，"国"和"野"的界限逐渐被打破了，就在这样的历史时刻，孔子站出来，第一个提出"有教无类"，不论你是谁，不论国人还是野人，只要你来学，他就教。别的先不说，就"有教无类"这一点，孔子的做法的确石破天惊，十分了不起！

孔子的学生很多是野人、穷人。例如子路这位孔门高弟，有记载说他只比孔子小九岁，是卞（今山东泗水县境内）之野人。子路年轻时很粗鲁，喜欢戴着雄鸡冠式的帽子，佩戴公猪皮鞘的宝剑，初遇孔子，咦，国中人，还文绉绉！见了就来气，上前就要欺负孔子。结果呢，就像孙猴子跳不出如来佛的手掌，孔子"设礼稍诱子路"，不用多费事就把子路收服了，而且一服永服，子路追随了孔子一辈子。野人出身的子路，虽然粗鲁，天性却纯真，稍露一点儿美妙的东西给他，就足以让这位血性汉子折服。《论语·公冶长》篇说："子路有闻，未之能行，唯恐有闻。"子路听到一个好的道理，在没有把它付诸行动之前，就不听其他新道理。多么诚挚实在的人！

有学者注意到，《论语》中"人"和"民"是有分别的，孔子的教育理想就是尽量把没受过教育的"民",即普通老百姓,转化为受过教育的"人",使其成为有品格的"君子"。两千多年前就有这样的教育理想,孔子的确值得敬佩。相反,两千多年后,有人居然提出办"贵族教育",倒车要开到两千多年前去,不能不说太悲哀了!

西周封建制有很了不起的一个方面,就是各国可以因地制宜,各有特点。也可以说,封建体制,是"一国多制"。《史记》记载,齐国的始封君姜太公和鲁国的开国君主伯禽分别被派遣到泰山南北去建国,姜太公穿着夜行衣就去了封地。到地方的第二天,就和当地莱人打了起来。抢夺生存地盘,不打才怪呢!打跑莱人之后,姜太公三下五除二,只用五个月就把国家建成了,并向周公报告。可是伯禽呢?这位周公的儿子伯禽去建立鲁国,足足用了三年才把新国建成,才向他的父亲周公汇报。

周公就问:"姜太公,你的国怎么建得那么快?"姜太公说:"太简单了,我的策略是尊贤尚功,谁有功我用谁,另外我广开鱼盐之利,从其俗,简其礼,所以国家就建立得快。"周公又问伯禽:"你的国怎么建得这样慢啊?"伯禽说:"我要变其俗,革其礼,移风易俗,时间就得长点儿啊!"据说周公听了这两人的汇报之后,感慨地说,鲁国早晚要受制于齐国!

司马迁这样写,很明显是事后诸葛亮。但这样说也有其真实内涵,那就是齐、鲁开国路线不同。姜太公因俗简礼,通工商之业，便鱼盐之利，大力发展经济。伯禽是另外一种气质的人，他要改变当地的习俗，开创新的社会风尚。伯禽在文化上大有作为，但没怎么重视经济。姜太公和伯禽的不同建国方略，对后来齐、鲁两国文化影响至大。今天两国都属山东，但山北山南，一个有发达的经济，一个有深厚的文化。

鲁国的文化传统，与周公、伯禽都有关系。据《尚书》记载，周武王病了，病得不轻，于是周公就把列祖列宗的牌位摆上，自己剪了指甲、头发，拿着玉璧，对祖先神灵问道："你们现在是不是要选一个人上天伺候你们？你们是不是选中了发（周武王名发）？"周公继续说，"你们不要选发，选我旦（周公名旦），让我去，我多才多艺，能事鬼神。"周公这样说，表明他懂得许多当时的巫史文化。另外，在出土的西周早期青铜器里面，有一件大祝禽鼎，器物上的铭文记载，周公东征时举行驱鬼打鬼的仪式，由一个叫禽的人来操办。有学者说，铭文中的"大祝禽"就是伯禽。有可能爷儿俩在宗教仪式方面都很在行。

另外再看看《左传·定公四年》关于鲁国封建的记载。当时封建诸侯，王室总要赏赐一些贵重东西给诸侯，封建鲁国时，给的人才和器物，有祝、宗、卜、史，备物、典策，官司（大小官员）、彝器（各种祭祀典礼用器）。对比其他诸侯国，鲁国得到的宗教神职人员和祭祀礼器明显更多。因为周公旦对周王室有大功绩，所以周公死后，周天子还特意颁发了一部周王才配享有的礼乐给鲁国，让他们去祭祀周公。总之，正是因为这些原因，《左传·昭公二年》记载晋国大臣韩宣子到鲁国访问，看了鲁国丰厚的文化传家宝，由衷地赞叹："周礼尽在鲁矣！"还有一种说法是，春秋时期诸侯要观摩周礼，就得到鲁国去取经。

说到这儿我们就明白了，鲁国这样的诸侯国之所以能诞生孔子这样的人，是有原因的。鲁国有深厚的文化基础。刘向《列女传》记载了一个故事：齐国人攻打鲁国，打到鲁国的边境，望见一个鲁国妇女带着两个孩子逃跑，这两个孩子一大一小。齐军离得远的时候，妇女逃跑是抱着小的、拉着大的；快被追上时，这个妇女把小的放到地上，把大的抱起来继续跑。齐国将军纳闷，问怎么回事。那位鲁国妇女就说："大孩子是别人家的，小孩子是我的；你们离得远的时候，我是怎么方便怎么跑，现在被你们追上了，你们要是想杀人，我就不能让别人家的孩子受难了！"齐国将军听了说，算了吧，这个仗别打了，鲁国人那么善良，连一个山泽妇人都能持节行义。这个故事是真是假我们不知道，但鲁国的风俗不错是真的。

这里说到一个名词"礼乐文明"。简单地说，所谓"礼乐文明"，就是从西周到春秋时期王室推行的文明，特点是许多大事都要经典礼来办，典礼上要吃饭、奏乐、歌唱，各种礼仪强调人与人的和谐相处，互相尊敬，当然也讲究等级差别。"礼乐文明"推行数百年后，随着周王室的衰落而衰落了，可是它的一些精华要素，经过孔子的提纯，就变成了儒家思想。

鲁国本来是一个地域性的国家，但是鲁国文化影响了孔子一生，又因为孔子影响了整个中国两千多年！

因材施教：啐啄同时，发挥教与学的积极性

子曰："吾与回言终日，不违，如愚。退而省其私，亦足以发，回也不愚。"

——《论语·为政》

孔子的教学是启发式的，不搞填鸭或死记硬背那一套。孔子教人，"不愤不启，不悱不发"（《论语·述而》），意思就是教学调动两头的积极性，老师教，学生动脑筋想问题，到学生想通又没通、想说却找不到适当语言的时候，老师从旁点拨。这就是启发式教学。为更好地理解启发式教学，可以举一个禅宗的例子来解释。禅宗说老母鸡孵蛋，孵到一定程度以后，小鸡在蛋壳里吮声（啐），老母鸡在外面啄，一啐一啄，小鸡就出来了！这叫"啐啄同时"，师生两头同时努力，将两头的积极性都发挥出来，尤其是要将学生的积极性发挥出来。

与此相关的原则就是因材施教。有一次子路问孔子："我们

听到一个好的道理，是不是马上就可以付诸行动？"孔子说："那么能行？你有父亲，还有兄长，总得回家商量一下吧！"后来冉有也问同样的问题："听到一个好的道理，是不是马上就可以付诸行动？"孔子说："对，应该马上行动！"孔子两次回答，学生公西华都在场，公西华不明白为什么同样的问题却有不同的回答。孔子解释说，子路这个人性情急，做什么事都心急火燎，老想走在别人前头，所以要给他撤撤火；可冉有在行动方面事事求稳，能不做就尽量不做，所以得激发他。这就是典型的因材施教，孔子留下了很多很好的事例。

孔子有一个最喜欢的学生，就是颜渊。孔子曾经说，我给颜渊上课，我说什么他都没有不同的意见，笨笨傻傻的样子；可是仔细观察他，私下生活却处处照着圣贤道理做，把学到的与生活的实际结合得很好。颜渊实在不愚啊！古代做学问讲究实践，德行的学问就是德行的生活，颜渊课堂上虽然不提问，话说得少，但是践行得很好。另外，从孔子说颜渊不提反对意见对自己没帮助这件事上，可以想见，孔子的课堂是很活跃的。当然这里说的课堂是宽泛意义上的。同学们在课堂上讨论、争辩，有的甚至还对老师提出反对意见。

还有一回上课，冉有、子路、公西华、曾晳（曾参的父亲，也是孔子较早的学生）一起陪伴老师，闲谈中孔子就问："你们平日总说没有人了解自己，假如有一天有人欣赏你，要用你，那你拿什么回报人家呀？"话音还未落地，子路噌地站了起来，连珠炮似的说了一套想法。结果，"夫子哂之"（《论语·先进》）。"哂"就是露出牙齿笑，潜台词就是：看看，老毛病又犯了！后来孔子说，我这话还没落地，还没叫到子路，他就站起来"放炮仗"了。为人要讲礼让，治国也要讲礼让，言语之间都不谦让，遑论那些治国理想呢！孔子接着主动提问冉有，冉有做了回答。之后又问公西华，公西华也做了回答。几个人问完了，孔子又问曾皙："点（曾皙，名点），尔何如？"孔子问曾皙："你怎么想的呢？"注意，《论语》这里有简短却传神的描写："鼓瑟希，铿尔。"原来在师生谈话的时候，曾皙在那里弹曲子！这就是孔子教学令人神往的地方了！

　　看古希腊柏拉图教学的那幅壁画，有躺着的，有坐着的，有沉思的，也有相互高谈阔论的。孔夫子的学堂可能没这么热闹，但很文雅，谈话的场合，有人在那里鼓瑟，很艺术，也很雅致！

第三章

「道之以德」：孔子的政治思想

在古代，知识分子都有一个情结，那就是参政。百家争鸣的诸子著作，有很大一部分内容是讨论如何重建社会秩序、安顿当时那个已经混乱了的世界的。百家争鸣出现的一个机缘就是春秋到战国的天下大乱。那么，怎样安顿这个世界呢？儒家有儒家的办法，道家有道家的办法，法家也有法家的办法。诸家绝大多数都有自己的办法。这类内容在整个先秦思想史中占有很大的分量。

司马迁给孔子写了一篇《孔子世家》，前人评点司马迁这段文字，认为可以用两个字来概括："不用"。"不用"是这篇文字的题眼，"不用"就是不被任用。孔子学了文武艺，本事很好，要德有德，要道有道，要什么有什么，可就是没人用他！也可以说，孔子落寞了一辈子。他这个人有才干，也有从政的兴趣，就是不被任用，周游列国找机会，到头来只是到处碰壁。

何以如此呢？这就需要了解孔子从政的理念，了解孔子对政治的理解。今天许多人想从政，你问他为了什么，有的人嘴里不说，心里却有不少小九九。这可不是孔子从政的志趣。刚才说的这些人，孔子骂他们是"斗筲之人"，"斗筲"就是水筲、水桶，量很小，而且大概不得善终的也不少。孔子对政治有他自己的理解，这些理解见于《论语》中，可以分这样三点来说。

名正言顺，事成礼兴：做事要称职

名不正，则言不顺；言不顺，则事不成；事不成，则礼乐不兴；礼乐不兴，则刑罚不中；刑罚不中，则民无所措手足。

——《论语·子路》

孔子对政治的第一个理解，说来说去以两个字为核心：正名。孔子说："名不正，则言不顺；言不顺，则事不成；事不成，则礼乐不兴；礼乐不兴，则刑罚不中；刑罚不中，则民无所措手足。"大意是：如果名分不正，做起事来就不顺，逻辑上就不通。你逻辑都不通，事还怎么成呢？所以社会的世道人心就会疙疙瘩瘩，老百姓也就不知道何去何从。所以要"正名"。什么叫"正名"？就是要名实相符。正名，用现在的说法，比如说做一个老师，你称职吗？这就要拿教师守则来核对。符合要求，说明你称职；不合要求，说明你是混子。这又叫循名责实。在中国古代，

"名"属概念、要求之类，拿这个概念和要求去衡量你实际的所作所为，就叫循名责实。这也就是孔子"正名"的意思。

孔子跟齐景公有一段对话很出名，就是那段"君君，臣臣，父父，子子"（《论语·颜渊》）的对话。什么叫"正名"？"君君，臣臣，父父，子子"说的就是正名。我小时候看过一种解释，说君再不好，也是君；臣再好，也是臣；父亲再不好，也是父亲；儿子再好，也是儿子。可是，后来大了，自己去看《论语》，再看这句话的解释，麻花儿满拧儿，满不是那么回事！这才知道我小时候看到的解释来自两汉时期董仲舒和《白虎通》的作者们。

孔子的本意其实是循名责实，用现在的话说，党员有党章，团员有团章；有人说我非党也非团，那你总得是哪个市的市民或哪个村的村民吧，总得有个市民守则或乡规民约；最不济也有个乡村风俗约束你的行为吧！有这些守则、规约或者风俗，横穿马路、打架斗殴的坏事情就有管束，等红绿灯、尊老爱幼的好风尚就有标准。各行各业都是如此。你说我们做教师的，有教师守则，规定上课不许迟到早退等。所以所谓的循名责实，就是干什么像什么。每一个行当都有自己的要求。孔子的"君君，臣臣，父父，子子"就是这个意思。根据《论语》中记载孔子思想的文字，"君君，臣臣"恐怕只能这样理解。这就是孔子对政治的第一个理解。

政者正也，身正令行：以文教引导民众走正确的道路

季康子患盗，问于孔子。孔子对曰："苟子之不欲，虽赏之不窃！"

季康子问政于孔子曰："如杀无道，以就有道，何如？"孔子对曰："子为政，焉用杀？子欲善而民善矣。君子之德风，小人之德草，草上之风必偃。"

——《论语·颜渊》

孔子对政治的第二个理解，就是政治要引导民众走正确的道路。孔子说过："政者，正也。""政治"的"政"，是一个"正"字加一个"攵"。这个"攵"很有意思，意味着政治是一种文教。"文"是什么？是一种德行，一种美德，一种善。这是中国古代对政治的定义。

有一次季康子问关于政治的问题。孔子就说："政者，正也。子帅以正，孰敢不正？"（《论语·颜渊》）政治就是引导民众走正确的路，你如果行得正，老百姓没人敢行不正。第一句话是对政治的定义，第二句话是对政治家的要求。什么要求？政治家要身正。这就是老话说的身正令行，未正人，先正己。大家

看《赤桑镇》这部戏，包公铡了他侄子以后，跟他嫂子说的就是"未正人，先正己"的道理。这里面带有强烈的中国色彩。英语的"政治"是politics，从古希腊语来的，本义是"城邦的事情"。把"政治"定义为"城邦的事情"，是说这种事情需要大家来管理，这就是政治。我们古人讲"政者，正也"，汉字"政"，就是"正"。事情要不要管？当然要管。但是超越"事"这一层，还有价值上的取向，需要以文教引导民众。

《论语》第二篇《为政》，开篇就说："道之以政，齐之以刑，民免而无耻。道之以德，齐之以礼，有耻且格。""道"的本意是引导，引申了就是"治理"的意思。治理一个国家，一群人，假如就用政令命令大家，对不听从令的人用刑律法条整饬，不听话的要打板子、罚款，随地吐痰要罚款，横穿马路也要罚款，这就是"齐之以刑"。"刑"是什么？"刑"的本意就是模型。什么东西一上了模型，就得就范。"齐之以刑"就是逼你就范。孔子说，这种政治最后的结果就是民众千方百计免于刑罚，为了免于刑罚什么都干，这就会变得无耻，没有羞耻心。反过来说，"道之以德"，用德行来引导民众，用风俗、用礼法、用文教、用文化来规范大家，老百姓就有耻辱心，人们就"格"。"格"者，汉代有碑写作"恪"，意思是敬。这句话是说老百姓不但会有自尊心而且会恭敬上司。这才是好政治。

孔子强调"德""礼"，反对"刑"，初看上去好像他反对宪政，反对法制，其实他这句话本不是在谈政治体制，而是谈政治理念。孔子的意思是行政管理，要注意维护民众羞耻心。这是高一层的政治要求。试想，谁犯了点儿小错误，你就打他，就抓他去蹲监狱，多伤一个人的脸面！他的确是被惩罚了，可是由此变得无耻了，你挫伤了他的自尊自爱，他什么也不在乎了，就要变成社会的敌人了。生活中这样的例子并不少，一些人从监狱出来以后更坏了，为什么？哪儿出了问题？就是因为他没有羞耻心了。没了羞耻心，什么都敢干，对社会的危害可就更大了。

这就是为什么孔子认为，好的政治一定要尽量少用刑罚，一旦用刑罚，伤了一个人的自尊心，就等于给这个社会树立了一个潜在的敌人。明白了这一点，就知道为什么秦朝皇帝听法家的，以杀去杀，用严刑重罚统治民众，才十几年老百姓就造了反。为什么？因为老百姓只犯了一点儿错误，就把他整个自尊、自爱挫伤了，他想横竖都是死。如果一个国家把百姓弄得都不怕死了，就太危险了。老子就说过"民不畏死，奈何以死惧之"。况且人们活的可不只是个生死问题，还有一个尊严问题。人在这个社会上奋斗、生活，不都是为这点儿自尊心吗？这就是人之所以为人的一点儿道理。所以，好政治要尽量少用刑罚。真正理想的法治恰恰要维护人的尊严，真正的法治社会也是靠美好的风俗来维持的。

孔子强调，政治要教化民众，要用文德，好的政治应该尽量维护大家的自尊心。正因如此，他反对刑杀，反对为了治安杀人。《论语·颜渊》篇记载，季康子患盗，这个季康子是季氏家族的掌门人，当时鲁国季氏家族掌握了国家大权，所以他也是鲁国的执政。这个人虽比孔子年轻，但是老贵族比较重视礼仪，一些虚头巴脑的面子活儿，他还是讲究的，所以看上去他也尊重孔子，跟孔子也问点儿什么。他感觉鲁国的盗窃现象多了，就问孔子怎么办，话里话外都露出要杀一批人的意思。孔子就说："苟子之不欲，虽赏之不窃！"什么意思？如果不是你们这些领导者，你们这些贵族起了鼠窃狗盗之心，如果你们欲望能够少点儿，那么即使奖励老百姓，他们也不会去做贼的！这话就等于伸手给了季康子一个嘴巴子。看孔子这样说话，大家该明白了吧，为什么他老不得志，对当权者这样说话，谁还用他！可这才是孔子的本色。孔夫子绝对不像有些人讲的，处处和谐。他要那样的话，早就升官发财了。孔子正言厉色，指责当权者先把风气带坏了反而想杀老百姓，他反对这样做。

《论语·颜渊》篇还记载，季康子问政于孔子，说："如杀无道，以就有道，何如？"把无道的人杀了，人们就不敢做不道德的事了。孔子说："子为政，焉用杀？"大权在你手里，干什么动不动就要杀人呢？孔子又说："子欲善而民善矣。"你要是好了，老百姓肯定跟着学好。"君子之德风，小人之德草，草上之风必偃。"这句话中的"君子"是在位者，"小人"指不在位者。从这句话可以看出，照孔子的理解，当时天下大乱，谁负责任？绝对不是小民！尽管抢东西、盗贼、小流氓多了，可是这个责任不在民众。

儒家的文献《礼记》里说，老百姓看在位者，不是看他讲什么话，而是看他怎样做。群众的眼睛是雪亮的，老百姓聪明着呢！儒家这样说，是强调当政者身正令行，给民众做个好榜样，不要动不动拿手中的权力挫伤这个，挫伤那个，最后给社会树敌了。

举贤任能，后继有人：将权力交给贤德的人

子贡问于孔子曰："今之人臣，孰为贤？"子曰："吾未识也。往者齐有鲍叔，郑有子皮，则贤者矣。"子贡曰："齐无管仲，郑无子产？"子曰："赐，汝徒知其一，未知其二也。汝闻用力为贤乎？进贤为贤乎？"子贡曰："进贤贤哉！"子曰："然。吾闻鲍叔达管仲，子皮达子产，未闻二子之达贤己之才者也。"

——《孔子家语·贤君第十三》

孔子对政治的第三个理解是强调"举贤才"。在"举贤才"这事上，孔子讲话难免有所隐讳。

《礼记》的《礼运》篇高度赞美尧舜。《中庸》里也说,仲尼"祖述尧舜,宪章文武"。孔子认为尧舜之道最高,最可取。

在古代传说中,有的人是感生,即感天而生,就是神或上天生的孩子,很神圣。例如商人的始祖契(xiè),周人的始祖后稷,都是感天而生。可是那位舜却是有父母的普通人。舜的父亲是瞽叟,顾名思义就是瞎老头。瞎老头娶了个妻子生了舜,结果其妻不幸死了。又娶了一个妻子,生了舜的弟弟象。瞽叟眼瞎心也瞎,他爱后老婆生的孩子,就变着法地欺负舜。这就有好多传说了。例如,舜去修房顶,下面的人就撤梯子;最严重的一次是舜去淘井,瞽叟和象就往井里填土。不过呢,他们怎么也没害死舜。舜一边提防他们,另一边对父亲、母亲和弟弟,还一如既往地孝悌。舜是大孝子、大圣贤,可他家庭环境并不好。《尚书》记载说,舜的家庭,父亲"顽"(顽劣,老不正经),母亲"嚚"(吵吵嚷嚷,唠唠叨叨),至于那个象,就更坏了。舜的家庭环境虽非常糟糕,但是他的孝悌之道做得好。当时的帝王尧知道了舜的情况,就把他选拔上来,最后还把权力给了他,于是舜就领导了后稷和商契,成为新一代帝王。

孔子的学生对这件事情不理解,说舜是人类生的孩子,怎么可以领导后稷、商契这些"感天而生"的人呢?孔子说,没有别的解释,只有一条,那就是舜贤明。孔子的观点是,英雄不论出身,有德无德,不在于你是不是出身华贵,是不是全身长着非常漂亮的羽毛。如果凤毛鸡胆，飞不高也飞不远，羽毛再漂亮也没用。孔子的标准很简单，谁贤德，谁就应该在位。即使是感天而生的人，贤德不足，也得要贤德的人类之子来管理。

《论语》中孔子说过一句话，他说仲弓"可使南面"（《论语·雍也》），就是可以南面做诸侯。这话在当时说得多少有点儿过头，因为周代是周文王的子孙掌权，诸侯都是世袭的。周文王、武王打下天下来，天下就成了他们家的，父传子，家天下。可孔子却说自己的学生仲弓，论德行的话完全可以做诸侯。为什么孔子认为尧舜好？就在于这样一点：尧没有把手里最高权力传给自己的儿子，而是传给了一位贤人——舜；舜也没有把权力传给自己的儿子，而是传给了另外一位贤人，就是禹。照老话说，这叫"天下为公"，是大同世界才有的美德。父传子，则是小康时代的现象。小康比大同，就差得远了。大同思想并不见于《论语》，可是这思想应该就来源于孔子，他只是没明说，是后学们把这样的意思说出来了。孔子为人很小心谨慎，不做那些于事无补、于己有害的事情，所以有些话，他不愿意明说。

关于举贤才，在《论语》中也有记载。孔子老是说"举贤才"，有人就问了："老师啊，你整天说举贤才，可我怎么知道谁是贤才，怎么举呀？"孔子回答："举尔所知，尔所不知，人其舍诸？"（《论语·子路》）你跟人打交道，总认识一两个有才的吧？把你身边的贤才举上来，你不知道的贤才，别人也会帮你举。关键得有爱贤才的心意，还得把这心意亮出来！

说到举贤才，《论语》中孔子还赞美过一个人，这就是卫国的公叔文子。公叔文子这个人平日做事，不一定都好，但当他自己升迁的时候，他把有才干的家臣也推荐给了国君，孔子说这个人有点儿气派，当得起这个"文"字。公叔文子的"文"，是谥号。古代人死后给他一个评价，这个评价就是谥号。孔子说，公叔文子这个人死后的谥号是"文"，看其他方面可能高了些，但就他能向君主推荐人才这一点说，他当得起。

孔子的学生子游，在武城做过宰，相当于后来的县令。有一天，他来见孔子，孔子就问："女得人焉尔乎？"（《论语·雍也》）意思是，怎么样，你在治理之地发现人才了吗？你看，孔子很注意这样一点，就是到一个地方去做官，在努力治理好民事之外，还要注意发现人才。子游这个人很聪明，是孔门七十二贤之一，更是孔门十哲中的一位。他说，还真发现了一个人，这个人叫澹台灭明，字子羽。子游说子羽是个贤才。为什么这么说呢？子游说原因有两点：第一，子羽没公事绝不到自己的办公厅来套近乎；第二，观察子羽的表现，他走路从来不抄小路。俗话说，人怕有外号，地怕有小道。方方正正一块田地，你为了走路径直踏过去，踩出一条道来，你是方便了，可是田地却受害了，这种行为叫苟且。子羽不图自己的方便，表明他是个方正、不苟且的人。子游由此判断他是个有德行的贤才。子游这样说，孔子当然很高兴，一是子游善于观察人，二是他发现子游也很不简单。子游说子羽品德方正，不巴结长官，能够从不巴结自己这一点上看到对方的人品，太难能可贵了！这种精神，在后代也有人继承。例如，司马光做了宰相之后，他挑选谏官，专门挑跟自己不认识、没交情的人。这种事情看似简单，可不是谁都能做得到的。

《论语》记录了孔子的谈话，与学生谈历史占了相当大的分量。其中就有一个故事，讲到春秋时期了不起的郑国政治家子产。大家如果读《庄子》，应该知道"子产不毁乡校"的故事，故事有原始民主气息。乡校里一些有身份、有水平的人，对郑国的政治提出批评。有人就向子产建议，干脆把乡校拆了，看他们还上哪儿去发牢骚骂人。子产听了，就说，拆它干什么？他们在那儿骂，骂是一种消气的方法，不让他们骂，他们的反对情绪就会郁积，到一定程度就会爆发，就像修堤坝拦河水，拦到一定程度不让外泄，早晚得决堤。那损失可就大了！留着乡校，让有不同意见的人把意见表达出来，这样对郑国社会反而更加安全啊！据《左传》记载，子产死后，孔子还流着眼泪说他是"古之遗爱也"。可是有一次弟子在孔子面前赞美子产时，孔子却说："你们都说子产很好，我也同意，但是我觉得子产有一点不如子皮（子皮就是罕虎，是子皮推荐子产代替自己做执政的）。子皮能推荐贤才，让辈分、资历都不如自己的子产来执政，并且始终站在子产后面给他支持。可是，反过来再看子产，他一死，郑国的朝堂还有人吗？"的确，子产死后，子太叔执政，郑国就乱了。这就是子产不如子皮的地方——不注意举贤才。也就是说，一个政治家，干好自己任上的事情之外却没有把人才培养出来，这也是失职。曾国藩打完太平军后提拔培养了一大批人才。再看李鸿章，只做事，不怎么举贤才，结果在他活着的时候，事业就败了。这就是分别。同样，有人赞美管仲，孔子说，管仲的确不错，但不如鲍叔，为什么？管仲能上台，完全是鲍叔极力推荐的。可是管仲一死，齐国的霸业马上中衰，也是因为缺少人才。这些都是儒家文献中强调举贤才的故事。

举贤思想，是中国古代政治文化的精义。江山可以代代相传，但是你得把权力交给贤人，让贤人来治理。所以到秦汉以后，中国古代政治制度虽然高度专制，甚至有哲学家说这样的政治其实是"反政治"，可社会还能维持繁荣强盛和发展，举贤这一点是关键。说到举贤，就难免说到汉武帝，说到科举制。汉武帝上台后，为了使汉朝得到进一步发展，把眼光投向了社会大众，发布诏书让各郡按人数比例举贤才。一开始，朝廷实权还在汉武帝的奶奶窦太后手里，地方官员不拿皇帝的话当回事。五年以后，窦太后死了，实权交到了年轻的汉武帝手里，他再次发诏书求贤。这一回，皇帝还说了狠话，说再不举贤才，将会被视为藐视诏书，这是杀头之罪！这一下，地方官不敢马虎了。于是，汉帝国就开始了正规的察举制。之后到了隋唐，察举制又逐渐变成科举制。

过去大家读《儒林外史》，觉得吴敬梓跟科举制过不去，所以写了《范进中举》。是的，察举制、科举制都有诸多毛病，特别是科举制到了明清时期，可以说弊端甚多，问题严重。但在"用人还得有规矩"这一点上，这些制度毕竟还是维持了一定的体统。就说清朝吧，八旗勋贵之后可以凭借先代功勋受封官职，就是"荫封"。可是一旦接受荫封，就不能下科场跟一般贫寒士子争科名了。为此，有人就拒绝荫封，靠自己的本事下科场去挣功名。俗话说，有烂秀才、烂举人，没有烂进士。现在参观一些古迹，进士留的题诗，诗是诗，字是字，可见此话大体不假。至于唐宋的科举，韩愈、柳宗元、欧阳修、王安石、苏轼、苏辙、曾巩诸大文豪，哪个不是科举出身？就是明清时期，进士中成大事、立大业的也不在少数。科举何尝亏负国家？任何制度都会存在问题，不断改善才是关键。

大体来说，正名、教化、举贤，是孔子政治思想中比较重要的三点。

孔子也很想从政，实践自己的政治主张。在孔子一生中，也有那么几年时间他从了政，而且做到了大夫以上，只是时间不长而已。

第四章

『子奚不为政』：面对阳虎之乱

孔子很想从政，却长期没有机会，直到他五十多岁的时候，机会终于来了。可以说是机缘巧合，也可以说是鲁国的执政没办法了才请的孔子。

孔子要绖，无功而返：从政路上遇到拦路"虎"

孔子要绖（dié），季氏飨士，孔子与往。阳虎绌曰："季氏飨士，非敢飨子也！"孔子由是退。

——《史记·孔子世家》

前面说过，孔子的父亲曾做过陬邑的大夫，大概相当于一个县的县令，贵族级别是士。但他的父亲在孔子三岁时就去世了，孔子是由母亲一手养大的。说起来，有这样的家世，孔子大概也能做一个士，也就是级别最低的贵族。在孔子年轻的时候，鲁国的大权贵之家季氏不知因为什么而"飨士"，就是举办宴会招待鲁国的士。史书记载，孔子知道这件事情以后，"要绖"而往。什么叫"要绖"呢？先说"绖"，"绖"就是人们常说的"披麻戴孝"时用的那根麻绳。古代父母死了服重孝，要披麻戴孝，在脑袋上系一条麻布带子。古代三年之孝，穿孝服的规格会逐年降低。父母死后一年，要举行一种祭祀仪式叫"练"，表示丧期告一段落。"练"之后，那根绳子就不在头上系着，而是改系在腰间，这就叫"要绖"。"要"就是"腰"。

孔子听说季氏家招待士，此时孔子母亲去世一年了。他想一想，觉得自己的父亲是陬邑宰，自己也有士的身份，就要绖前往了。这符合古代规矩，按照三年之孝的习惯，服孝期间是可以免除为国家服务的义务的。尤其是三年的头一年，孝子在家给父母守孝，国家有大事不能要求其参与。可是，一年热孝期过了，已经把麻绳子系在腰上了，这时候国家有事，个人愿意参加的话，可以自愿参加。所以，孔子的"要绖"是抱着一股热情，去参加季氏家举办的宴享，是要牺牲自己的孝道，准备为国家出力尽忠的。

不想，在季氏家的门口碰到一个人。这个人是谁？就是阳虎。阳虎这个人长得跟孔子差不多，大个子，极有才干，不同的是极邪恶。他俩正好一正一邪。阳虎是季氏家的家臣。按照史书记载，孔子与阳虎的第一次照面就是这一次季氏飨士的时候。当时，作为家臣的阳虎大模大样地站在季氏家的门口，见腰里系着麻绳的孔子也来了，气就不打一处来。为什么呢？孔子的博学和贤良，早就在鲁国传遍了。贤良，阳虎最不喜欢；博学，阳虎更不服气。他早就想收拾一下这个孔丘了。这次见孔子居然"要经"而来，阳虎上前一伸手就把孔子给挡住了，他一脸不屑地说："停一停，你来干什么？"孔子说明来由后，阳虎冷冷地说："季氏飨士，非敢飨子也！"季氏是要飨士，可就是不能招待你！言外之意：你算哪门子的士？话说得很难听。按照礼法，这是打人的脸！

《史记》说："孔子由是退。"这个"由是退"有两方面的意思：孔子由此知道了自己的从政路上有一只拦路的老虎，所以必须等待；同时，这件事情对孔子也是一个教训，让他明白靠着上一辈的勋绩是不行的。没出息的人遇到这样的打击，可能从此落魄；有出息的人则会遇挫反强。孔子恰恰是后者。但就客观情势说，阳虎这样挤对孔子，孔子从政的机会一时变得渺茫了。这是孔子最早参与国事的经历，结果是被阳虎一巴掌打了回来。

从政之路被阳虎堵住后，孔子就走上了另一条路——办教育。对孔子来说，办教育固然是教大家如何做"君子"，把更多的"民"变成有品格的"人"，但另一个目标也不能忽视，办教育也是改善政治。

《论语·为政》篇记载："或谓孔子曰：'子奚不为政？'子

曰：'《书》云："孝乎惟孝，友于兄弟，施于有政。"是亦为政，奚其为为政？'"有人问孔子："你怎么不直接从政？"话里话外的意思是孔子整天教导学生们如何做好政治的事，那怎么不亲自从政？孔子回答："《尚书》中不是讲得很清楚吗？自己遵守孝道，搞好兄弟关系，再把这样的孝悌之道推而广之，实施到政治方面，这就是政治，难道政治还有其他什么吗？"

由此可知，孔子心目中的教育，就是为社会尽力塑造更多有德行的人，社会上好人多了，都过有德行的生活了，政治也就好了。这符合孔子关于"政者，正也"的定义。如此，孔子办教育实际是"曲线从政"。你阳虎小人得志，堵塞别人的从政之路，那我就从教育做起，从根本做起。这就是孔子的"遇挫反强"。根据文献，孔子三十岁左右就正式开始办教育，就有学生跟随他，之后他的学生越来越多。

这里还有一段插曲，就是鲁国大权贵孟僖子还把自己的两个儿子（一说是一对双胞胎）给孔子来教。怎么回事呢？原来在孔子十七八岁的时候，鲁国的执政之一孟僖子陪同鲁国的君主去楚国访问，结果在两君相见典礼上，孟僖子不能辅佐鲁君行礼如仪，出了纰漏，这在当时是十分丢人的事。而且鲁国向来被称为礼仪之邦，诸侯都要到鲁国"观礼"。结果在典礼上，鲁国的大臣输给了楚国人，这就丢人丢大了！于此可见，鲁国贵族教育糟糕到了什么地步，卿一级的人对周文化都变得陌生了。孟僖子还好，辅佐君主国事访问中行礼不得体，良心还知道不安。在他临终时，"人之将死，其言也善"，就提起若干年前自己相礼不得体的事，嘱咐家人把两个儿子，即孟懿子和南宫适（kuò），送到孔子那里去学礼。从世俗的方面看，这是给孔子办教育帮了忙，那么大的贵族都送孩子来跟孔子学，孔子的生源也一定因此而更丰沛了。

孔子想从政，有人作梗；办教育，倒歪打正着地有人帮忙。而且，不论阳虎还是孟僖子，都是鲁国的大权贵。死路和出路之间，都有权贵之门在影响。那么，这个时候鲁国状况究竟如何呢？

陪臣执国命：鲁国的"三桓"

孔子曰："天下有道，则礼乐征伐自天子出；天下无道，则礼乐征伐自诸侯出。自诸侯出，盖十世希不失矣；自大夫出，五世希不失矣；陪臣执国命，三世希不失矣。"

——《论语·季氏》

一言以蔽之，当时鲁国的状况是君不君，臣不臣，鲁国君主早已成了摆设。怎么是个摆设呢？四五代以前，鲁国君主大权就被人拿走了。被谁拿走了呢？被"三桓"拿走了。什么叫"三桓"？这事说起来有点儿长。

这要从春秋早期说起。孔子编订的《春秋》，记载的历史以鲁国为主，一共记载了鲁国进入春秋时期的十二位君主。第一位君主是鲁隐公，鲁隐公死了以后，他弟弟上台，这就是鲁桓公，"三桓"就是鲁桓公的三个儿子。鲁桓公有若干儿子，其中嫡子接了他的班，就是鲁庄公。鲁庄公这个人大家不陌生，《左传》所载著名的"曹刿论战"中的那位"公"，就是鲁庄公，他在位三十二年。

鲁庄公死了以后，出了大问题，这还得从鲁庄公的妈妈说起。鲁庄公的妈妈，也就是鲁桓公的夫人，叫文姜——当然这是她死后的称呼。文姜来自鲁国的近邻齐国，在齐国娘家的时候，按照现代话说，她的作风有问题。她和齐国的君主襄公是兄妹，不幸的是两人有了"爱情"，让人说起来牙碜的"爱情"。不过呢，这等令人难堪的糗事，可能是受古老的原始习俗影响。史书记载，当年姜太公在齐建立邦国，对当地风俗不予理睬，没有下一番除旧布新的功夫，所以古老的风俗就保留了下来。

后来，文姜嫁给了鲁桓公。两口子还生了几个儿子。本来好好的，结果到了鲁桓公十八年（前694年），出事了。

这一年鲁桓公到齐国访问，带上了自己的夫人。当时就有大臣出来反对鲁桓公带着文姜一起访齐，可鲁桓公不听。文姜一到齐国，与齐襄公便旧情复发了。更糟糕的是，这事还被鲁桓公觉察到了，他非常生气。齐襄公干脆一不做二不休，派一个叫彭生的大力士去害鲁桓公。国事访问，君主当然要坐车，而且上下车都得有人扶助，以示礼貌。彭生就被派去伺候鲁君主上下车。当时的大力士都是两膀有千钧之力的，孔子的爸爸就是大力士，可以用手把下落的城门托起来。结果，在鲁桓公上下车的时候，彭生去扶鲁桓公，两膀子使了一点儿劲，就把鲁桓公的肋骨弄折了，鲁桓公一命呜呼。堂堂鲁君不明不白死在国事访问期间，鲁国人当然不高兴，当然得问这件事，可最终也只能不了了之。齐襄公把彭生当替罪羊杀了，算是对鲁国的交代，事也就结了。

文姜在丈夫死后，更加没有了阻拦，整天往娘家哥哥那儿跑。如此她就忽略了一件重要的事，没有给自己当了君主的儿子早早结下一门合适的亲事，以便早生贵子，早育储君。她只顾自己的私情了，儿子的婚姻大事，也就是鲁国的承嗣大事，被她长时间抛在脑后。年少的鲁庄公一天天长大了，却没个正式的夫人。于是他就自己找，在没有正式娶嫡夫人之前就已经有了几个孩子。

其中有一位党氏女。鲁庄公有个游观用的高台，离党氏家很近。一次鲁庄公登台，看到了党氏家的姑娘，风摆荷叶，婀娜多姿。鲁庄公一看，魂就没了，下了高台就去追。那女孩子就跑，跑到一个房间里"咣当"把门一关，就把鲁庄公挡在外面。鲁庄公急得了不得，抓耳挠腮，就说："你若是答应我，将来许你做夫人！"党氏女一听，要的就是这个！就拉开门出来了。一番的要挟，鲁庄公便与党氏女划破胳膊，歃血为盟。鲁庄公如愿了，党氏女给他生了个儿子，名般。党氏女姓任，在家行大，所以叫孟任。请注意，这样的婚姻没有父母之命、媒妁之言，鲁庄公大包大揽，许孟任做夫人，他们的儿子做鲁君。可是，他俩的婚姻没有合法性，孟任再受宠也只能是妾，妾生的儿子做君主，这与当时的礼法相抵触，就是麻烦。鲁庄公在情和理的处理上，受制于情。父传子，家天下，"传"要"传"得合乎情理，也不易！

这就是古代政治。父传子，家天下，接班人要早生，而且还要嫡出。这样等君主老了，接班人年纪也不小了，正门嫡出，继位为君，谁也没的说，新老交替就顺当，就不至于大权旁落。但是，到鲁庄公二十四年（前670年）、文姜也死了三年之后，鲁庄公才正式迎娶了另一位夫人哀姜。不知这门亲事是不是文姜临死才给儿子定的。但还是晚了，且不说哀姜自己没有生儿子，就是生了，也没时间让他长大顺利接班了。八年之后，鲁庄公死了。

鲁庄公虽然娶了正室妻子，但与哀姜的关系似乎并不怎么好，所以到了要确立接班人时，他就想起当年的割臂盟誓，决定立孟任所生的公子般为继承人。鲁庄公这样安排，平心而论，也不能说全都是因为当年与孟任的誓言，毕竟公子般已经成年了。

新君继位，总得有人帮衬，鲁庄公就征求亲贵大臣的意见，亲贵，当然是他的兄弟。周代贵族家庭一夫多妻，兄弟之间，亲的是同母兄弟。鲁庄公的同母兄弟中最大的是庆父，中间的是叔牙，最小的叫季友。庄公先问大弟庆父，庆父支支吾吾的。然后就问叔牙，叔牙说：庆父有才干啊！意思是他拥护庆父做新君主。叔牙这样说，也有其道理，按照鲁国的继位法，有所谓"一继一及"制，父亲死了儿子继位，叫"继"，兄长死了弟弟接着做，叫"及"。两法轮流用，就是"一继一及"。不过，叔牙这样说，未必是从礼法想，而是在传达庆父的心思。

鲁庄公听叔牙这样说，心里咯噔一下，就明白了：庆父与叔牙有串通。于是庄公就找来小弟季友，问他在接班人选上的想法。季友倒很坚决，坚决支持公子般。庄公觉得还是小弟跟自己一条心，把叔牙的说法告诉了季友，季友就明白了大哥的意思。离开庄公以后，季友备了一杯毒酒，派人找到了叔牙，对他说："喝下去！乖乖喝了，保证你的后人世世代代在鲁国为显贵。"叔牙明白，不喝不行，就乖乖地把毒酒喝了。

这样一来，公子般就成了新君。

庆父一看，叔牙支持自己上台，"被自杀"了！当然不甘心。反正现在有能力控制自己的人还没出现，他就另谋办法。办法很简单，雇凶杀人，庆父就找人把尚未正式登基的公子般杀了。

庆父这样做，还有一个人也在起作用，谁呢？就是那位不受丈夫待见的哀姜。哀姜嫁到鲁国,不得鲁庄公喜欢,嫁过来十来年也没生儿子。还好,她有一位陪嫁的妹妹叔姜生了一个儿子,就是短命的鲁闵公。按照礼法,陪嫁女的孩子,由正夫人抚养,就可以算是正夫人嫡出。可是鲁庄公选后代新君,没有立哀姜的养子,却要立孟任的孩子。哀姜当然得想办法,让自己人叔姜之子上台。她的办法就是跟庆父联手,叔嫂合起来做大事。

叔嫂联手,把公子般杀了,之后立了鲁闵公。刚才讲,哀姜嫁过来后不得志,没有享受过丈夫的爱情。结果在和庆父联手的过程中,由联手到"联心",两人在情感上交了火,出了奸情。哀姜对着新的枕边人就说:"干脆也不让鲁闵公在台上了,就你上台吧,我接着做夫人!"庆父巴不得如此,已经弑君一次,再弑一次又何妨!他便把鲁闵公杀死了。鲁庄公一死,鲁国公室乱成了一锅粥,两位新君前后脚全都死于非命。

这时候齐国是齐桓公在位,他在管仲的辅佐下图霸中原,就得主动管其他诸侯的事,更何况文姜、哀姜又都来自齐国!于是,齐国就派人来看鲁国的情况,去的人叫仲孙湫。仲孙湫看清了鲁国情况,回国向君主汇报,说了一句:"不去庆父,鲁难未已。"(《左传·闵公元年》。这就是成语"庆父不死,鲁难未已"的来历。)齐桓公一听,就问,既然鲁国大乱,是不是可以乘机把它灭了?仲孙湫说,不行,虽然上层乱了,但是老百姓还遵循周礼,民众没有乱,对自己的国家没有失去信心,鲁国还动不得。

齐桓公听了就说，那好，不能灭鲁国，咱就帮它吧！怎么帮？先是派人把哀姜弄回来杀死。庆父一看不妙，跑到一个叫莒的地方，最后走投无路，也喝毒酒死了。与叔牙一样，庆父的后人世世代代在鲁国享有富贵，这就是孟孙氏。叔牙的后代叫叔孙氏。

还有一个季友呢？季友是完全站在鲁庄公这一边的，他站队站对了。庆父杀死鲁闵公时，季友一看不对劲，就带着鲁庄公庶出的公子（后来的鲁僖公）跑到陈国避难。齐桓公要管鲁国的事，就把季友招了来。鲁僖公能上台，季友的功劳最大了。季友的后代叫季孙氏。

所谓的"三桓"，也就是鲁桓公三个儿子的后代：孟孙氏（有时也称仲孙氏、孟氏）、叔孙氏和季孙氏（有时也称季氏）。庆父和叔牙都死于非命，全是为逆而死，可是按照周代礼法，他们与君主有亲密的血缘关系，即便祖上罪恶滔天，后代照样世世代代享有富贵权位。个人有罪，不影响家族权势的延续。这在西周，或有其不得已的理由，到了春秋时期，就只是一个令人泄气的制度了！

季孙氏、孟孙氏、叔孙氏，在鲁僖公之后，经历了文公、宣公、成公、襄公、昭公、定公，连续几代人担任鲁国的执政。这就是"三桓"的来历。他们之所以掌握大权，主要不是靠功勋，而是因为国家在继位之事上没有连接好，公室出乱子，造成了他们的机会。不过，在鲁国的历史上，三桓也出了不少人才，像季文子、叔孙豹、孟献子等。但是，黄鼠狼下仔——一窝不如一窝，是权贵社会的一条通则。家族大权在握，时间不用太久，就会出败家子。

在《论语·季氏》篇中，孔子说过："天下有道，则礼乐征伐自天子出；天下无道，则礼乐征伐自诸侯出。"孔子为西周、东周的历史算了一笔账，天下有道，就是政治公平合理，礼乐征伐即文武大权是拿在周天子手里的；天下乱了，礼乐征伐就落在了诸侯手里。权力拿不住，就要往下坠落，由天子落到诸侯。落到诸侯手里就完了吗？没有，还得接着落，而且越落越快。孔子又说："自诸侯出，盖十世希不失矣；自大夫出，五世希不失矣；陪臣执国命，三世希不失矣。"大权落在诸侯手里，能支持十辈子就算多了；落到大臣手里，传五辈就差不多了；然而到了孔子生活的时代，大权也没在大夫手里，而是落到了"陪臣"手里。谁是陪臣？像阳虎这种人，家臣、奴才，就是陪臣。

权力的下落，从西周崩溃到春秋后期，就像高山顶上落下的大石头，越滚越快。孔子说当时的情形是陪臣执国命，三辈都传不下去就完了。"三世"，形容其短暂。陪臣执国命，就是三桓子孙的完结。《论语·季氏》篇说："禄之去公室五世矣，政逮于大夫四世矣，故夫三桓之子孙微矣！"在鲁国发放俸禄的权力不在诸侯已经五辈了，政权降到大夫手里四辈了。那么，按照坠落加速度的原则，三桓的子孙要玩完了。

阳虎之乱：孔子从政之前的鲁国国情

（定公）八年，阳虎欲尽杀三桓適（通"嫡"），而更立其所善庶子以代之；载季桓子将杀之，桓子诈而得脱。三桓共攻阳虎，阳虎居阳关。九年，鲁伐阳虎，阳虎奔齐，已而奔晋赵氏。

——《史记·鲁周公世家》

这就是孔子从政时候的历史背景，权力被三家瓜分了，季氏家拿得最多，其他两家各拿一部分，鲁国君主只是个摆设。但是，三桓拿走君主权力，到头来也是"为他人作嫁衣裳"，他们的后代没出息，权力也拿不住。如果他们只是没出息，还能活命，没出息却手里有权，就非常容易被别人抹脖子了。这就是当时季氏家族的情形。孔子小的时候是季武子在位，孔子二三十岁时是季平子在位。季平子比较凶，把鲁昭公驱逐出境，鲁昭公至死也没能返回鲁国。这件事开了个很恶的先例。你一个卿大夫，公然把君主赶到国外去，这么做容易导致上梁不正下梁歪，上行下效，家臣们也会对家主不恭敬。所以季平子死了，季桓子上台，差点儿掉了脑袋。也正因此，孔子才有了出仕的机会。怎么回事呢？

季桓子执鲁国大政时，出了阳虎之乱。前面说过，阳虎曾欺负孔子，到孔子快五十岁时，他还在季氏家里做宰，但此时季氏家主却已换成了季桓子。阳虎这个人很有特点，《韩非子·外储说左下》记载了他的一句名言："主贤明，则悉心以事之；不肖，则饰奸而试之。"什么意思？主子如果是个贤明的人，那就全心全意侍奉他；如果这个主子没什么才能，那对不起，就要用各种奸计对付他。看见了吧，这就是阳虎其人。什么人？典型的小人。阳虎身份是奴才，奴才分好多种，好的是忠仆、义仆，可以义薄云天，坏的就是小人、奸人。阳虎属于后一类，典型的奸邪小人。

季友之后，季氏家主是季文子、季武子、季平子、季桓子四代人。季桓子从小娇生惯养，阳虎觉得他不肖，就"饰奸而试"。这样的情形，当时三家都有，叔孙氏、孟孙氏两家也都有家臣欺负主子、造主子反的"家务事"。只不过季孙氏家族的家臣阳虎闹得比较大而已。季平子死后，季桓子一上台，阳虎就把新主子囚禁了，后来季桓子同意了阳虎所提的条件，并盟了誓，阳虎才把季桓子放了。

季氏家族里有很多不得志的人，或受过季平子的恶待，或对季桓子有意见。大家族这样的不逞之徒总会有几个，看《红楼梦》就知道，大家族总会有贾环那样的主儿。阳虎有阴谋，想谋逆，就招降纳叛，把季氏家族中那些不得志、有怨气的人都召集到自己手下。这事阳虎做起来很容易，可他觉得还不够，这股子势力都是些不逞之徒，拿出来见不得天日。于是阳虎就想到了孔子，要拉孔子入伙。

《论语》是这样记载这件事的:"阳货欲见孔子,孔子不见,归孔子豚。"阳货就是阳虎,他想找孔子,但孔子不愿见他。我们想一想,阳虎找孔子,指不定几次了,孔子知道了他的用意,不愿意跟阳虎掺和在一起,才避瘟神似的躲他。有一天阳虎又来了。他也知道这次孔子还会躲避,但他也要来,不是要见孔子,而是要给孔子出题。阳虎鬼主意多着呢!他这次来,是送礼来的,弄了一只豚——就是乳猪——给孔子。孔子不在家,其他人也没法拒绝。阳虎的计策得逞了一步。刚才我们说过,阳虎比孔子年岁要大,身份也高,按照礼法,阳虎给孔子家送乳猪,孔子虽然不在家(躲了),但一定得回拜。阳虎就拿稳了这一点,我送你一只乳猪,你不在家,我给你放在家里了,我看你怎么办。你不来见我试试?

孔子怎么办?礼法当然得遵守,不能让他阳虎挑了理!阳虎不是趁我不在家时来吗?好,我也如法炮制,有样学样,你有苇子我有席,我也等你阳虎不在家的时候去回拜。结果呢,还是阳虎心眼儿多,就在半路孔子回返时,阳虎"噌"的一下蹿了出来。他拦住孔子就是一通高谈阔论,怂恿孔子。他说:"一个人,满怀学问,满怀理想,可是不出来干点儿事情,眼看着这个国家陷于混乱,这是符合仁道的吗?"然后没等孔子开口,他就自问自答:"不可以这样!"接着他说:"本来很想出来做事,可老是失掉机会,这是智者该有的样子吗?"他又自问自答:"不可以这样!"这就是阳虎,这个人很善变。早些年把孔子挡在门外的是他,现在想拉孔子跟他合伙的也是他。

等阳虎说完,孔子就顺着说:"好,好,我将出来做事。"要注意,这话说得很有分寸。我是说我出来做事,可是我不说给谁做事,还不是答应你。这就是孔子的处世原则,不得罪小人,中道而行。这样不软不硬,阳虎最后知道拉不来孔子,只好放弃。想跟阳虎合伙的另有其人,也不乏能人。

与阳虎联合的都有谁呢?一个叫季武,季桓子的弟弟;另外一个叫叔孙辄,叔孙氏家的庶子。前一个对现任季孙氏家主有怨气,后一个对现任叔孙氏家主有私愤,当然还有其他一些各怀心思之人。阳虎把这些人纠集起来,利用老百姓对三桓不满的机会,准备干他一票大事。他对这些人说:"等我把孟孙氏的家主杀了,我就当孟孙氏的家主。"阳虎狂妄得很!接着,他又对叔孙辄说:"等把叔孙氏的家主杀了,你去当叔孙氏的家主。"最后对季武说:"你不是季孙氏家的人吗?那好,就等我们把这个废物季桓子杀了,你做季孙氏的家主。"之后他们就等待机会犯上作乱。

到了鲁定公八年(前502年)冬天,阴历十月份的时候,国家要祭祀先公,就是祭祀鲁国死去的历代君主,在鲁僖公庙里举行合祭大典。次日,还要在鲁国城东的蒲圃举行宴会。阳虎和党羽约定,要在宴会上杀掉季桓子。约定之后,阳虎以季氏的名义下达命令:鲁国都城的战车全部做好战斗准备。阳虎的本意是在杀掉季桓子之后，马上调用战车进攻孟孙氏和叔孙氏两家。

孟孙氏家有一位家臣，名叫公敛处父，见阳虎下这样的命令，就觉得奇怪。他去找家主孟懿子——孟僖子的儿子（曾经向孔子问过学，现在成了孟孙氏家的族长）。公敛处父问孟懿子："季氏下令戒都车，是什么意思？"孟懿子也奇怪，说："我没听说呀！"公敛处父提醒孟懿子要警惕，并商量好在蒲圃举行宴会的那一天搭救季桓子。

蒲圃宴会的这一天到了。季桓子乘车出门。阳虎为前驱，他的车马走在前面。阳虎的弟弟阳越乘车殿后，季桓子被夹在中间。季桓子一上车，身边就站定了阳虎安排的两个人，一手持长刃刀，一手持盾，形成夹持之势。季桓子再昏，也看得出这不是在保护自己！心想：大事不好，要完！但一时间也没有办法。

这时候，他发现为自己驾车的人叫林楚。这个林楚他认得。若在平日，驾车的爱谁谁，才懒得理呢！现在不同了，走着走着，就要经过孟孙氏的地界了。眼看着离死越来越近，季桓子拿不住架子了，突然对林楚说："啊，我知道你，你是因为你的前辈干得好，是我季孙氏的忠良，才接了班来给我驾车的吧！"林楚听了先是很烦，心想这时候你想起我们这样的人了！就说："你对我这样客气，可惜晚了！现在是阳虎为政，鲁国人都听他的，谁违抗他的命令谁就会被杀死！"季桓子听他这样说，哀哀地说："不晚，不晚！劳驾，把我带到孟孙氏家去吧？"林楚心软了，他也不同意阳虎的做法，就说："我倒不是怕死，就怕现在这事办不成，不能让您幸免于难！"

说话间季桓子的车就来到了孟孙氏的地界，前方正有孟孙氏的人在大门外盖房子，三百多人，都是精壮汉子。其实盖房是假的，准备搭救季桓子才是真。这是公敛处父和孟懿子早就商量好的。季桓子见到这群人，就对林楚大喊："快往那里跑！"林楚使劲打马，马车疯了一般往孟孙氏家的大门方向冲。阳越一看，季桓子跑了，便搭弓射箭，没射中，说话间季桓子的马车就跑进了孟孙氏家的大门。阳越紧追不舍，来到孟孙氏家的大门前，一支箭从门缝儿里飞出来，射中阳越，阳越死了。

走在前面的阳虎一看季桓子跑了，马上把鲁定公挟持了。之后，组织人马进攻孟孙氏。这时，公敛处父率领孟孙氏封地的人马，从东北门冲杀进都城来，在都城的南门与阳虎的手下展开了厮杀。阳虎的人渐渐支持不住，便向城里败退，退到了一个叫棘下的地方，再败，就溃散了。阳虎见状，却不慌不忙，脱了铠甲，直入鲁国的宗庙，取了宝玉、大弓，扬长而去。他所以要拿这两件宝物，是因为它们非同寻常。那件宝玉，是夏代王家的玉璜，那件大弓又称"封父之繁弱"，是夏代一位诸侯的遗物，都是当年鲁国封建时周成王颁赐的，是鲁国的镇国之宝。阳虎就是要拿走鲁国这样的东西！

阳虎偷了国宝，心满意足。出了城南门，来到离都城不远的五父之衢，停住了脚。他要在这里好好休息一下，命人给他做饭。手下人有些着急害怕，因为这儿离都城太近了！他们都说："阳虎大人，你还有心思在这儿吃喝睡觉啊？如果城里杀出一帮人来，我们不铁定完蛋吗？"阳虎冷笑一声，说："嘿嘿！城里那些脓包，老子一跑出城门，他们就以为天下大吉，高兴得好像得了免死券。追我？比让他们去死还难！"阳虎压根儿就没把都城里面那些没血性的老贵族看在眼里！而且阳虎逃离鲁都，还把镇国之宝拿走。论小人之险恶，阳虎算是没人比得了！据说孔子作《春秋》，写到这一段，用了"盗窃宝玉、大弓"几个字，称阳虎为"盗"，即贼人，表示了极大的蔑视。这两件宝贝过了一年多才回到鲁国宗庙。阳虎先跑到了齐国，后来又跑到了晋国，他还会兴风作浪，但这是后话了。

阳虎作乱，季桓子差点儿掉了脑袋。到这个时候，他才想起来要用与阳虎相反的另一类人。在鲁国，与阳虎相反的另一类人的代表是谁呢？就是孔子。所以，孔子五十岁左右的时候才有机会出仕。而且，一开始干得很好，季桓子把权力交给孔子，孔子说什么就是什么。现在季桓子也需自己的奴才讲点儿尊卑有序，孔子尊重君主，讲究君君、臣臣，因此任用孔子。据说孔子与季桓子之间，有几个月的政治"蜜月期"。

第五章

「四方皆则之」：孔子从政

在辅佐季桓子的这段时间里,孔子做了两件大事。

一是"夹谷之会",孔子陪伴鲁定公与齐国君主会盟,给鲁国挽回了面子,也挽回了土地;另一件就是"隳三都"。

头一件,孔子做得很漂亮,但第二件失败了。

孔子出仕:中都宰、小司空、大司寇

其后定公以孔子为中都宰,一年,四方皆则之。由中都宰为司空,由司空为大司寇。

——《史记·孔子世家》

阳虎之乱发生以后,孔子才有了在鲁国从政的机会。

孔子出仕后做的第一任官,是中都宰。"中都"是哪儿?有不同的说法。一般认为在今天的汶上县的西面,此地有个地方叫中都。也有学者说"中都"就是鲁国"首都"曲阜。有争议,还不能确定。

《史记》记载,孔子做中都宰,一年以后,四方诸侯"皆则之",即四方的诸侯都来取经,觉得孔子的做法好。他到底怎么做的呢?据文献记载,孔子在中都,给老百姓制定"养生送死之节",规定"长幼异食,强弱异任,男女别涂(途)",于是中都之地,"路无拾遗,器不雕伪"(《孔子家语·相鲁》)。日常生活中,大人、小孩应该怎样对老人讲孝道;老人死后,怎样办丧事;力气壮的干什么,力气小的干什么,走路时男的如何走,女的如何走;等等,孔子都作了明确规定。天下太平时,这些规矩都有,但是经过几百年政道的荒乱,社会秩序越来越乱。现在孔子恢复社会秩序,举措讲求公道合理,老百姓都乐于遵从。于是路人看到道路上的失物不会据为己有,做器物的不搞花活,不过分雕饰。

前面说孔子很好学,有学问,他的学问,主要表现在熟知周礼,懂得西周以来形成的一套文化体系。孔子曾赞美周礼"监于二代(夏商两代),郁郁乎文哉"(《论语·八佾》)。他从政后,首先实践以礼治国的理想。牛刀小试,时间只一年,取得的效果很不错。这印证了孔子的基本看法,天下大乱,问题不在平民百姓,而是因为上面不守规矩。

第二年，孔子升任小司空。司空这个"空"字，古代跟"工"是一个意思，司空就是负责国家土木建筑的官员。修渠、修堤坝、修宫殿，都归司空负责。孔子做了司空以后，有记载说他做了不少事。其中之一是"别五土之性，而物各得其所生之宜，咸得厥所"（《孔子家语·相鲁》）。辨别各种土地的质性，搞清楚各种土地适宜生长的植物。搞工程，就得与土打交道。孔子干一行钻研一行，既然与土打交道，他就研究土性。孔子研究土性，有利建筑外，还惠及农耕稼穑。

另外，因职务之便，孔子还做了这样一件事：把鲁昭公的坟归入鲁国君主坟茔范围之内。鲁昭公在位时，与季氏家族不和，被季平子赶出鲁国。鲁昭公先跑到齐国，后来又流亡到晋国。列国诸侯对大臣驱赶君主之事，一开始还虚张声势地要帮鲁昭公复国，不久就没了下文。有位列国大臣想真出点力帮昭公，还突然死了。鲁昭公天人共弃，过了若干年最后死在了外面。这件事发生时孔子三十几岁，因为当时鲁国内部太乱，也因不同意季氏驱赶君主的大逆不道，孔子也离开鲁到了齐。齐景公一开始想任用孔子，后又作罢。正是这次在齐，孔子见到了据说是舜帝时期的韶乐，为此痴迷，"三月不知肉味"，可能是此次至齐的最大收获。

因为季氏家族恨鲁昭公，便不让他入祖坟。其他历代鲁侯的坟都在一条道路的北侧，唯有昭公孤孤单单地被埋在道路的南面。这样对待死后的国君,是季氏"不臣"的表现。孔子做了司空以后,开挖了一条大的壕沟,把连同鲁昭公在内所有的鲁侯的坟都圈在了一个大圈子里,表示鲁昭公还是和历代鲁侯一起,埋在一个大的地界里。

孔子这样做,季桓子一开始不干,但最后还是同意了。俗话说:死人的礼数,活人的眼目。礼数其实是做给活人看的。你季氏家族,老一辈,季平子不懂事,把君主驱逐了,以致鲁国人都觉得你们家做事出格,这样的社会情绪还被阳虎利用,图谋夺了季氏的大权。孔子这样做,既是维护礼法,同时也是修正季氏的"不臣"行径。季氏当然高兴。所以,有文献说季氏一开始任用孔子,"行乎季孙,三月不违"(《春秋公羊传》)。孔子说什么,季氏都言听计从,这种状态维持了三个月左右的时间。

做小司空时间不长,可能就在一年之内,孔子就被升为司寇。"寇"就是寇盗,做贼、抢劫的,都叫寇。司寇就是负责国家治安的官员,是大夫级别的高官。做了司寇,权力大了,但仍要管理民众的小事。

有一件事情被记载下来,说孔子处理过一件父子打架案。他怎样处理的呢?

有父子俩打架,儿子不孝顺父亲了,这个父亲就告到了司寇这里。孔子并没有马上抓人,而是采取了一个出奇的办法——"三月无别",把这个案子作冷处理,三个月不去解决它。结果,等到三个月过了,那个父亲就主动找孔子说:我要撤案。理由是,父子之间还不至于闹到上公堂的地步。

季桓子对此大不满意,找到孔子说:你看,你是一个很讲究孝悌之道的人,现在出了一个不孝的案子,却没有马上把案子断清楚,没有收拾一下这个不孝子,这是为什么呢?

孔子就说:请问,在鲁国这么多年,关于孝悌之道,什么时候作为政教提倡过?对民众,多少年了都缺乏必要的教育。不提倡,不推广,就是不教化民众。不教化却要民众遵行,犯了错误的还要加以严惩,这是"不教而诛"。这不就是虐政吗?

季桓子一听,就没话可说了。

夹谷之会:学问落在行动上

夏,公会齐侯于祝其,实夹谷。孔丘相。犁弥言于齐侯曰:"孔丘知礼而无勇,若使莱人以兵劫鲁侯,必得志焉。"齐侯从之。孔丘以公退,曰:"士,兵之!两君合好,而裔夷之俘,以兵乱之,非齐君所以命诸侯也。裔不谋夏,夷不乱华,俘不干盟,兵不逼好,于神为不祥,于德为愆义,于人为失礼,君必不然。"齐侯闻之,遽辟之。

——《左传·定公十年》

在孔子任司寇期间，还取得了一次外交上的胜利，使鲁国大长气势。这就是夹谷之会。事情发生在鲁定公十年（前500年）。春秋时期，齐鲁两国关系一直疙疙瘩瘩，冲突不断。就在鲁定公十年三月，两国恢复正常交往，准备夏天举行两国君主相会之事。相会的地点选在夹谷（今山东省济南市莱芜区夹谷峪），齐鲁交界之地。此次两君相会，孔子时任鲁君的相。按照习惯，鲁君出使他国，得卿一级的大臣陪伴，辅佐君主做好外交中的典礼事宜。孔子任相，是破格任用，显示的是鲁国权贵此时对他的高度信任。

齐是个大国，齐景公也不是个善茬，难保齐国人不在相会中欺负鲁国。孔子对此早有充分的思想准备。相会之前，他提醒鲁君："有文事者必有武备，有武事者必有文备。古者诸侯出疆，必具官以从。请具左右司马。"（《史记·孔子世家》）他要鲁君带上武官和相关的随员。古代两君相会，是要登台盟约的。盟约的台子一共三层，底盘大，上端小，形状像今天的生日蛋糕。本来两国君主相见，是增加和气的事，如礼而行，就可以了。可是，不怕有坏事，就怕有坏人。齐景公身边有个叫犁弥（又作黎鉏）的，一见是孔子陪伴鲁君前来，就给齐景公出了一个主意："孔丘知礼而无勇，若使莱人以兵劫鲁侯，必得志焉。"（《左传·定公十年》）他建议利用莱人劫持鲁定公，吓唬吓唬他，得手后也可以提一些非分的条件。莱，本来是东夷小邦，被齐国灭掉后，莱国臣民就散落生活在胶东丘陵和泰沂山区里。犁弥出主意让这些荒野之人捣乱，让鲁君和孔子难堪。

盟约开始，两君互相作揖谦让，上高台，互相敬酒。齐国的司礼官中有人趋步上前说："请奏四方之乐。"景公说："好！"这时站立在高台上的鲁君就有点儿惶惑：两国事先的约定中没这一条啊？就在这时，高台下忽然旗幡四举，矛戟并出，一大群莱夷人鼓噪而来！这阵势，鲁君哪里见过，有点儿看傻了。眼看自己的君主要吃亏，站在高台下的孔子沿着台阶大踏步上台，护着鲁君就往下走，同时高声说："鲁国的勇士们，拿起武器攻上去！两国的国君友好地会面，而荒野的莱夷战俘却用武力来捣乱，边远的族群不能图谋中原，夷人不能搅乱华人，俘虏不能侵犯会盟，武力不能逼迫友邦，否则，对神，就是大不敬；道义上，也是失大义；于人，是失礼。这肯定不是齐君的安排！"

孔子一米九三，是大个子，身体强壮，平日温和优雅，情急之下，半截子高塔一样的大汉，如熊如虎，那副威风凛凛的样子，很叫人胆战！再加上这一番慷慨之言，搞得齐景公一时间竟忘记自己大国之君的威严，心下禁不住生出了一股莫名的恐惧。心里骂：该死的犁弥，吃冷饭出馊主意，说孔丘"无勇"，这是"无勇"之人会有的表现吗？他赶紧传令，让那些莱夷人走开！

一段惊心动魄的插曲结束后，两君盟约。不想齐国人再生波折,在原来定好的誓约之外,加了一条:"齐师出竟(境),而不以甲车三百乘从我者,有如此盟!"这也是事先就谋划好了的。大意是:我齐国出兵打仗,你鲁国若不出三百辆战车跟随,就会受到神的惩罚。很明显,这是公然把鲁国当成了齐国的附庸。面对齐国突然的非分要求,怎么办?孔子有办法:针锋相对。他让鲁国的大夫答道:"在你齐国没有归还我汶水以南的大片田地之前,我鲁国若是服从了你们的命令,也有神看着!"孔子的意思是,鲁作为齐的盟国,可以与齐国一起行动,但前提是你们得拿出诚意,返还鲁国被你齐国强占的大片领地。孔子见招拆招,既不吃亏,又不输理。齐国无奈,只好作罢,总之没占到便宜。

盟约之后,齐国还想在夹谷之地设宴款待鲁侯一行,被孔子一番合理又中听的言辞谢绝了。孔子明白,夜长梦多,再吃饭,齐国人不定还出什么坏主意呢。

此次会盟不久,齐国人就把郓、讙(huān)和龟阴等几个城邑及其田地归还给了鲁国。两国关系从此好了一些。鲁国与齐国打交道,如此占上风,这么多年来实在少见。

夹谷之会,千钧一发之际,孔子显现了大将风度。这就是孔子的学问。如果平日学了半天的道,遇到事情只会慌手忙脚,出冷汗,不能出主意,学问就是没有落到实处,再多也是白搭。孔子的学问跟他的行为是相统一的。

堕三都：打击三大家族，结束政治生涯

定公十三年夏，孔子言于定公曰："臣无藏甲，大夫毋百雉之城。"使仲由为季氏宰，将堕（huī）三都。于是叔孙氏先堕郈。季氏将堕费，公山不狃（也作公山弗扰）、叔孙辄率费人袭鲁。公与三子入于季氏之宫，登武子之台。费人攻之，弗克，入及公侧。孔子命申句须、乐颀下伐之，费人北。国人追之，败诸姑蔑。二子奔齐，遂堕费。将堕成，公敛处父谓孟孙曰："堕成，齐人必至于北门。且成，孟氏之保鄣，无成是无孟氏也。我将弗堕。"十二月，公围成，弗克。

——《史记·孔子世家》

夹谷之会后，孔子的地位更稳固了。于是，孔子借力打力，马上开始了另一件大事：堕三都，即拆毁三都。"三都"是什么呢？就是费、成、郈。季孙氏家的费，叔孙氏家的郈，孟孙氏家的成，是三桓家的三个大城邑。三桓家为什么那么横，不把君主放在眼里，就是因为他们各自都有大城邑及大片土地作后盾。

三家执政，也不能说全无善举。如季文子死的时候，家里

"无衣帛之妾,无食粟之马"。作为鲁国的正卿,他没有私藏。叔孙家的叔孙豹,主要负责外交,跟晋国打交道的时候,给鲁国争回了好多脸面。另外,叔孙豹还说过一句很著名的话:人生三不朽。原话是:"太上有立德,其次有立功,其次有立言。虽久不废,此之谓不朽。"(《左传·襄公二十四年》)

可三家越是干得好,自家实力积累越多、越大。这是由西周以来的体制决定的。西周封建制,是一个"二次封建"制度。周天子把土地人民封建给诸侯,诸侯再封建给大夫。而且,大夫有功,诸侯还得赏赐他们土地和人民。如此,三家有机会执政,就有机会立功,逐渐家势就变得强大了。具体表现就是三家都形成了自己的势力中心,也就是"三都"。三都是君主的大威胁,因为在这里养着私人军队,藏着私人的兵器铠甲。

夹谷之会后,孔子就提出要拆毁三都。这不是虎口拔牙吗?若在平日,明智如孔子,必不提这样的建议。可是,当时的情形则不然。季孙氏出了阳虎的问题,太阿倒持,自家大城被家臣占据了来作乱。而且,当时费邑也没在季氏手里,而是被另一个家臣公山不狃盘踞着。所以,孔子提出毁掉费邑,季氏没意见。可巧,就在孔子自夹谷之会返鲁不久,叔孙氏的家臣侯犯对阳虎的前车之覆视而不见,也以叔孙氏的城邑郈为据点作乱,叔孙氏费了好多周折才将其平息。所以,叔孙氏对拆毁郈邑,也没有意见。三家有两家同意,孔子就开始了"隳三都"的行动。

开始很顺利，叔孙氏家的郈邑被拆毁了。下一步的矛头所指，就是季氏家的费邑。"隳费行动"的急先锋是孔子的高足子路，这时他正在给季氏家作宰。前面说过，季氏的巢穴，被公山不狃等人盘踞着。孔子和子路知道，要顺利拆毁费邑，得动真格的。于是，三家把国都的军队主力交给了子路。不过，《春秋·定公十二年》记载此事，却说："季孙斯、仲孙何忌帅师隳费。"应该说子路是实际上的主帅。

盘踞在费邑中的公山不狃等人，一见鲁君派军队前来，也自有主张。你打你的，我打我的，这伙人的确是才智不俗，他们没有死守费邑，而是看准了国都空虚的机会，径直杀向国都，并且顺利地进了都城。鲁定公听到消息，大叫不好，他知道宫殿是守不住的，就跑到季氏家来避难。当年季武子在都城东北的城门内建过一个高台，叫武子台，鲁定公在孔子等人的陪伴下登上了武子台。台高地狭，易守难攻。公山不狃带人进城后马上攻击武子台。一支支箭矢带着冷风射上来，有不少落在定公身旁。眼看危及定公生命，孔子发了怒，他以司寇的名义把定公身边的两位大夫申句须和乐颀调了过来，命他们带人杀向台下。这一招出乎公山不狃一伙人的意料，他们心一慌，小人品性尽显，呼啦一下溃败而去。定公这边的人就追，一直追到姑蔑（今山东省泗水县境内），才把这伙人消灭。为首的公山不狃逃到了齐国。

三都已经"隳"了两个,剩下的一个就是孟氏家的成邑了。孟氏的家主是孟懿子,早年曾经向孔子问学,是孔子的学生。但师生情谊没有起到一点儿作用,就在"隳三都""隳"到成邑的时候,孔子的大事业在他的学生孟懿子这里翻了船。

眼看就拆到了成邑,孟氏的家臣公敛处父站出来对孟懿子说:"成,是孟氏的保障,没了成,也就没了孟氏!"孟懿子一听,仿佛兜头一盆冷水,对孔子"隳三都"的真意恍然大悟。他向孔子学习过"君君,臣臣"的主张,他不是不知道,只因一时糊涂,以为孔子和子路拆毁三家的都城,是为三家免于家臣作乱着想呢!公敛处父几句话点醒了他,原来老师舞剑,另有所指啊!这让他倒吸一口冷气。可是,他也犯难,怎么办呢?毁掉人家季氏的费邑时,自己还忙前忙后,现在要拆成邑了,自己却不同意,怎么跟人说呢?公敛处父有主意,他说:"主子您就说,成邑的地理位置特殊,在齐鲁交界处,是鲁国抵御齐国的门户,拆了成邑,齐国人一下子就可以直达鲁国北门,所以拆不得!"公敛处父又说:"若他们执意要拆,主子您就假装不知道。我来阻止就好!"

鲁定公十二年(前498年),就是拆毁费邑、郈邑同一年的冬天,鲁定公遵从孔子的建议,派军队围困成邑,但没有取得效果。孔子期望由"隳三都"来完成在鲁国"正名"、恢复"君君,臣臣"秩序的事业,在孟懿子这片沙滩上搁浅了。对此,不知道孔子作何感想。

在"隳三都"成败呈胶着状态的时候，据《论语·宪问》篇记载，孔门内部也起了波澜。孔子政治上得意有地位的时候，身边想沾光的学生一定不少。他们来追随孔子，本来就是"吃教"的，现在看孔子政治上的大动作功败垂成，这些投机分子必定会出来弄些小动作兴风作浪，甚至要跟老师划清界限。孟懿子阻止成邑被"隳"是出于自身利益，而公伯寮在"隳三都"遇挫之际谗害子路，就是典型的叛徒行径了。说起来，做个叛徒，并不需要多坏的品质，立场不坚定，对所从事的事业信心不足，或为个人的前途打算多点儿，或受过什么人一点儿小恩惠，总之是各种小心眼、小盘算都可以让人变节当叛徒。公伯寮就是儒门内这样的一个叛徒。

子服景伯知道了公伯寮的行径，就把这事告知孔子，还对孔子说：季桓子对公伯寮并不全信，我可以说服季桓子在合适的场合公开杀掉公伯寮！孔子听了子服景伯的话，却不以为然，语态平静地说："道之将行也与，命也；道之将废也与，命也。公伯寮其如命何！"（《论语·宪问》）我的事业未成，是命；要败，也是命。小小公伯寮又怎能奈何得了老天！孔子一口一个命，好像很消沉，其实是不想杀公伯寮。他知道在这样事关成败的关键时刻，有些人立场动摇，小心眼儿作怪，说几句坏话，诚然可恶，但罪不至死。何况"三都"能不能"隳"掉，也不是谁几句好歹话能左右的！可是道理是这个道理，在道理面前能否控制住情绪，让自己的思想跟着道理走，而不是随着情绪转，那可就得看修养功夫了，这是做人真正的学问。

孔子赞美门生颜渊"不迁怒"，说他这是"好学"得来的品格，实际上孔子自己就"不迁怒"，他自己的人格学问是早已做到了的。公伯寮现在的做法固然可恶，但真要想法子杀掉他，这就过了，不符合君子的尺度，所以孔子用一个"命"字就把子服景伯的想法否掉了。关键时刻见品格，《宪问》这一段，若不细加体会，还真难读出味道。这段文字是《论语》提供给后人的难得的一则有关孔子所为的"文学细节"，一个见精神的"细节"。《论语·学而》篇记载子贡对人说他的老师"温良恭俭让"，他这样说读者是很难有实在感受的。但《宪问》这一段，却呈现出了孔子在大事要败之际彰显出的人品学问，很有表现力，非常宝贵。

"堕三都"是孔子借力打力的一次大作为，也是一次与国家最大的既得利益者的直接碰撞。历史的经验告诉我们，这样的硬碰硬，鲜有善终。孔子是因为自己平日为人谨慎平和，才免于陷入不测。任何一个国家，多少年既得利益的势力一旦形成气候，要解决它就难以采取简单直接的办法了。"堕三都"失败后，孔子很难再在鲁国待下去，他的政治生命也就结束了。

孔子遂行：离开父母之邦

齐人闻而惧，曰："孔子为政必霸，霸则吾地近焉，我之为先并矣。盍致地焉？"黎鉏曰："请先尝沮之；沮之而不可则致地，庸迟乎！"于是选齐国中女子好者八十人，皆衣文衣而舞康乐，文马三十驷，遗鲁君。陈女乐文马于鲁城南高门外，季桓子微服往观再三，将受，乃语鲁君为周道游，往观终日，怠于政事。子路曰："夫子可以行矣。"孔子曰："鲁今且郊，如致膰乎大夫，则吾犹可以止。"桓子卒受齐女乐，三日不听政；郊，又不致膰俎于大夫。孔子遂行，宿乎屯。

——《史记·孔子世家》

就在季氏对孔子开始不信任的时候，夹谷之会吃了亏的齐国人也想把孔子从鲁国挤出去。他们的办法并不复杂，就从男人的弱点下手。齐国人就使了美人计，给鲁定公和季桓子送来八十名能歌善舞的美女，同时又送了一百二十匹好马。

齐国这一招果然有奇效，鲁国君臣一下子就像被灌了迷魂汤。据说那些女子在鲁国城南高门外等着进城时，季桓子就微服前往观看，之后，又引着鲁定公也去看。他们君臣从来没有像这

样心齐过。接受了女乐之后,季桓子一连三天不听政。这就真应了孔子的那句感慨:"吾未见好德如好色者也。"(《论语·子罕》)

孔子讲过这样一句话:"士志于道,而耻恶衣恶食者,未足与议也。"(《论语·里仁》)一个人想做一番大事,可是却连吃得差、穿得差也受不了,你要跟他一块儿去行道,那就离倒霉不远了。古希腊神话有所谓"阿喀琉斯之踵",大英雄阿喀琉斯有一个致命弱点,就是他的脚后跟。阿喀琉斯的脚后跟,我给它起个名,叫人的"可打倒点"。任何人都有弱点,抓住了他的弱点,就等于找到了他的"可打倒点"。阿喀琉斯的"可打倒点"在脚后跟,位置隐蔽,所以还有机会成为大英雄。可是,吃得差、穿得差就受不了,那"可打倒点"就像秃头上的虱子,太明显了!人家一顿好饭食、一两件好衣服,就可以收买,有如此的"可打倒点",不是比小说《红岩》中的甫志高还容易出卖同志?

实际上,孔子要在鲁国施行他的道,他身边的季桓子就是一位"可打倒点"极低的人,齐国几十名乐舞美女,就让他忘乎所以了。孔子实际上是遇人不淑啊!生斯世也,为斯世也。孔子要行道,想一想,他要做点儿什么,不和季桓子为伍,又能与哪个?所以说起来,孔子在政治上的大业,终将是一场空。以后他遇到的,不是卫灵公,就是陈潜公之流。有位有点儿能耐的楚昭王吧,孔子去找他,还没到楚国,楚昭王就先死去了!近山山倒,依河河干,差不多就是孔夫子政途的运数。

见季桓子被齐国人的一点儿计策弄昏了，子路就对孔子说："老师，咱们可以走了！"孔子说："再等一等吧！国家马上有大的祭祀，若是祭祀之后的肉，也不分发给大夫们，那时就只有离开了！"结果，祭祀过了好一阵子，祭肉也没有送给大夫们。孔子只好带着一些学生离开了鲁国。他在鲁国城外又住了三天。依孔子的意思，若这时候鲁国在位者来请他回去，他还是想回去的。这样逗留，有人不解。孔子说，这毕竟是离开父母之邦啊！

第六章

「丧家之狗」：孔子周游列国

在鲁国从政失败了,孔子就开始周游列国,漂泊四方。

那么,他周游了多少国家呢?《史记》上说七十多个。现在有文献可考的,是这样一些国家:卫、陈、曹、宋、郑、蔡、楚等,小的地方有匡、蒲、负函(今河南信阳长台关附近)等。根据各种文献看,孔子在卫国和陈国待的时间可能要长些。周游列国到底是怎么走的,一家一个说法。《史记》的记载后来人多不相信,就另作考证。大体而言,孔子从鲁国出来,向西走,来到了卫国,在卫国待得不顺心,有十个月左右吧,就想到陈国去,结果到了匡这个地方,被人围了,差点儿丧了命,又回到了卫国。之后,想到晋国去,走到黄河边,又没去成。接着还是去了陈国。路过宋国的时候,又险遭不测。仓皇之中前往郑国,在郑国待了一阵子后,经过曹国来到陈,而且是两度到陈,离开后又返回。之后,又在蔡国停留了一段时间。又想前往楚昭王那里,在陈蔡之间,因为战乱(一说有人捣鬼),孔子南行只到负函之地，就是今河南信阳一带，此后就再也没往南走了。有诗说孔子西游不到秦，实际连晋也没到；向南，没有过淮河、汉水。十几年大体就在中原偏东南的一些国家来来往往。大概他是五十五岁开始周游，六十八岁才返鲁，一共是十四年。

我们在这里没法按照实际的周游顺序讲，而是大致按时间前后分成几块来说。先说孔子在卫国的情况。

卫国遭遇：灵公不用孔子

仪封人请见，曰："君子之至于斯也，吾未尝不得见也。"从者见之。出曰："二三子何患于丧乎！天下之无道也久矣，天将以夫子为木铎。"

——《论语·八佾》

这时的卫国都城在哪里？在今天的河南濮阳，当时叫帝丘，在黄河以南。这时卫国的君主是谁？是卫灵公。历史上带"灵"字的君主，好的少，例如汉灵帝，就是典型的昏君，这个卫灵公也是个昏聩的主儿。卫灵公活着的时候宠幸小老婆南子，结果逼走了太子，给他死后的卫国留下祸根。可是，孔子说过，卫灵公周围有不少贤才，这些是他昏聩中的一点儿灵光。

孔子到卫国，卫灵公一开始很欢迎，问孔子：你在鲁国是什么待遇，俸禄多少啊？孔子说，我的俸禄六万。卫灵公说，那好，我就给你六万。孔子在鲁国当司寇，是位大夫，俸禄是一年六万的级别。有人说换算成汉代的俸禄，就是二千石的待遇。但是没多久，有人在卫灵公面前说孔子的坏话，卫灵公就派人监视孔子，监视者在孔子的住处"一出一入"，孔子只好离去。

卫灵公这样在孔子面前捣鬼，绝不只是因为有人说孔子坏话。孔子来卫国，卫灵公满以为，有孔子这位博学多闻的大儒帮助他打理国政，内部小百姓就不敢闹事，外部列国也不敢欺负卫国，卫国不久就要强横起来了。可是，孔子来了之后，把自己的仁道理想和主张一摆，不单卫灵公，任何一个诸侯都得像遇到洪水猛兽一样，避之犹恐不及，就更不用谈用他了。这应该就是孔子周游列国时受接待的常态。

卫国的地域在今河南东北部，农业发达，交通便利，商业气息也十分浓郁，所以孔子师徒一进入卫国，就感觉到了这个国家的不同。孔子由衷地说了一句："庶矣哉！"（《论语·子路》）人口好稠密！当时给他驾车的是冉有。冉有马上就接了一句："既庶矣，又何加焉？"人口众多了，下一步该如何？孔子回答："富之。"让民众富裕起来。冉有接着问："既富矣，又何加焉？"曰：

"教之。"富了以后,就要有文教相配套,用真善美引导民众。这就是儒家"富而教之"的主张。

来到卫国不久,孔子的住处就来了一个人,他是个管理边界的小官员,《论语》中称他为仪封人。大概是到国都办事,正赶上孔子来,就想见一见。孔子的学生一听,既然人家有这样的习惯,也别违了人家的例,就让他见了。仪封人到屋子里和孔子谈了一会儿,出来了,满脸的兴奋,对孔子的学生说:"二三子何患于丧乎!天下之无道也久矣,天将以夫子为木铎。"(《论语·八佾》)

这几句话不简单,意思是,诸位朋友,可不要因为丧失了在鲁国的生活就气馁啊!不要怕,天下无道的状态已经很久了,我跟孔子一谈,就坚定了一个信念:你们的老师是老天派下来宣传救世之道的!铎,就是木铎,古代传达政令,官员摇着手里的木铎,招呼百姓。仪封人的意思是,孔子是一个警示天下的木铎,而且是上天派下来的。

仪封人说孔子是上天派来使大家觉悟的,这多少有点儿宗教中救世主降生的意味。仪封人的话,后来被《论语》的编撰者郑重地记了下来。到了汉代,独尊儒术,人们神化孔子,说孔子是天降的教主,是素王,是老天爷派下来为汉家立法的。这样的说法,可以从《论语》所记的仪封人之言找到端绪。

孔子见南子：依礼相见，中道而行

灵公夫人有南子者，使人谓孔子曰："四方之君子不辱欲与寡君为兄弟者，必见寡小君。寡小君愿见。"孔子辞谢，不得已而见之。夫人在绨帷中。孔子入门，北面稽首。夫人自帷中再拜，环佩玉声璆然。孔子曰："吾乡为弗见，见之礼答焉。"子路不说。孔子矢之曰："予所不者，天厌之！天厌之！"

——《史记·孔子世家》

在卫国还有一件事情。卫国王孙贾问孔子说："与其媚于奥，宁媚于灶，何谓也？"子曰："不然！获罪于天，无所祷也。"（《论语·八佾》）"奥"是家神，"灶"是家里的灶神，奥神大，灶神小，奥神的位置在屋子的西南角，而灶神则在门口。这句话说，与其恭敬家神奥，不如巴结门口的灶神，翻译一下就是县官不如现管，与其求县官，不如求现管。王孙贾问孔子：你觉得这话讲得如何呀？孔子回答：话不能这样说，你总是巴结现管，搞实用主义，将来有一天引得老天爷讨厌你，可就没地方去祈祷了。王孙贾为何要拿这样的话问孔子？可能是在讽刺孔子。

孔子在卫国还有一件引争议的大事，就是见了南子。可能王孙贾觉得孔子是在巴结卫国的"灶神"南子，就用这话讽刺他。其实孔子见南子不是主动的，而是南子要求的，确也给孔子出了一个不小的难题。

孔子博学，名满天下。卫灵公的继室夫人南子听说鲁国博学多闻的孔夫子来了，也想见见。等孔子到了卫国，她就发出了邀请。

孔子接受邀请，子路首先站出来表示反对。子路的意思是，南子这个人作风不正，全天下都知道，老师去见她，别人怎么看？其实，其他几位随从孔子的学生，也未尝没有这样的想法，但能毫不保留地把想法说给老师听的，只有子路。子路反对，是因为南子这个人做事实在出格。

南子是卫灵公的夫人，年纪比卫灵公要小得多。卫灵公对这位小夫人喜欢得不得了。可南子对这位老丈夫的情感就不一样了。南子是宋国的姑奶奶，原来嫁给卫灵公之前，在家里有个相好的，是宋国公子，名朝，又叫宋朝。宋朝是个美男子，南子嫁到了卫国，地位稳定了，就越发念念不忘她的故国相好。南子找了个借口，让丈夫卫灵公把宋朝弄到卫国来。宋朝到卫国干什么，宋国有不少人知道，卫国和其他国也有不少的人知道，但卫灵公不知道。

后来，卫灵公身边有一个人也知道了，这个人就是卫灵公的太子蒯（又作"蒉"）聩。当时齐国和卫国在一个名叫洮的地方会盟，太子受命前往，不知为什么路过宋国的原野，宋国人一见卫国太子从这里经过，他们就使坏唱歌："既定尔娄猪，盍归吾艾豭。"（《左传·定公十四年》）"娄猪"和"艾豭"都是猪，娄大豭小而已。歌词的意思是：你们的那头大母猪不是满足了吗？怎么还不归还我们那头小种猪呢？这是古代文学较早用猪来指贪财好色之徒的例子，后来《西游记》的猪八戒，也是一个贪财好色的典型，师徒取经，一遇到危难就要分东西回高老庄，情不自禁时连菩萨都敢动。

卫国太子听懂了，明白大小猪说的是谁，指的是什么事，脸上很挂不住，他就动了杀后妈的念头。南子发现了太子的企图，跑到卫灵公面前一通哭哭啼啼，撩得卫灵公大怒，就把太子蒯聩赶出了国。

南子的这点儿风流事，就在孔子来到卫国前后闹得满城风雨。这时候，卫灵公这位小夫人邀请孔子来见，子路能不着急吗？可是，孔子应该是另有想法。南子固然有作风问题，可是人家卫灵公不知道，她还是名正言顺的国君夫人，按照礼法，国君夫人有见来自他邦的异性宾客的权力。孔子的想法其实就是依礼而行。虽这样说，孔子对见南子这件事，心里也不是没犯嘀咕。所以当子路站出来坚决反对的时候，孔子说："予所否者，天厌之，天厌之！"（《论语·雍也》）如果我做错了，老天爷罚我。把老天爷都搬出来了，看情形当时很可能是跺着脚说的。看来孔子心里也没底，那样一个胆大妄为的女性，谁知到时会做出什么样的举动呢！

最后孔子还是去见了。结果如何呢？人家南子用大帐把自己围起来了，因为男女授受不亲。而且，南子把国君夫人的礼服和全套玉器佩件都戴上了。等孔子来了，南子依礼起身见礼，说一声："孔夫子，你来啦！"细语嘤嘤，浑身上下发出琅琅然的环佩之声！人家完全是以一国夫人的礼仪见孔子的，若孔子当时拒绝了人家，不敢来，那得多失礼！孔子决定去见南子，依的是中道而行的原则。

那么，见了南子，孔子在卫国仕途是不是就发达了呢？不是。王孙贾那句"与其媚于奥"的话若真是讽刺孔子，那就是根本不了解孔子，也不了解孔子所面对的现实。

在匡被围，微服过宋：周游之路屡遇困境

子畏于匡，曰："文王既没，文不在兹乎？天之将丧斯文也，后死者不得与于斯文也；天之未丧斯文也，匡人其如予何！"

——《论语·子罕》

卫国不能实现孔子的主张,孔子就想到陈国去。出了卫国都城,路过一个名叫匡的地方,出事了。忽然之间,四面八方围过来好多人,把孔子一行人围在了当中,还可以听到"打呀""杀呀"的骂詈之声。怎么回事呢?原来是为孔子驾车的颜刻说的一句话,给孔子招来了麻烦。

当孔子一行人走到匡邑的一处城墙缺口时,颜刻鞭子一指,说:"当年我从这里进入过这座城邑。"说者无心,听者有意。他的话,被路旁的匡人听到了。这人一看,车上坐着的孔子身形高大,就觉得这人怎么像阳虎啊!再听颜刻的话,就以为阳虎又来了!这位匡人的误会马上就传开了。

这里的人为何这样恨阳虎呢?事情得从若干年前说起,那时阳虎还在鲁国。当时郑国夺走了属于卫国的匡,鲁国人奉了晋国霸主的命,去帮卫国人把匡抢回来。这本来是好事,可好事由坏人来做就难说了。当时率领鲁国军队的正是奸邪的阳虎。匡是夺回来了,可阳虎不知道怎么搞的,把匡人害得好苦。若干年过去,匡人说起他,还是恨得牙痒痒。现在孔子和一些学生到了匡,人们误以为这位身材高大、相貌奇特的孔子就是阳虎,于是"子畏于匡",他们一行人被困在匡人的包围圈里了。

有学者说"畏"就是厮斗的意思。当时可能发生了小规模的冲突。在当时乱纷纷的情况下,若是没有人挡住汹汹而来的人群,孔子恐怕会不明不白地被乱棍打死。不过,最终还是孔子化解了危机。他不是阳虎,只消简单地证明给众人就可以了。孔子的做法是拿起琴弹奏,匡人听到优雅的曲子,就知道自己搞错了,阳虎绝没有这样的雅致!

在"畏于匡"的仓皇之际,孔子还说了这样一段话:"文王既没,文不在兹乎?天之将丧斯文也,后死者不得与于斯文也;天之未丧斯文也,匡人其如予何!"(《论语·子罕》)意思是:周文王已经死了,他留下的文化不是都在我这儿吗?由此可以推测,孔子在周游列国的时候,搜集了大量关于西周的文献,不少与文王之道有关。他说:"文王之道不都在我这儿吗?假如老天爷不想让以后的人见到这些文献,那我这回就完了;如果老天爷还想让后人了解文王之道,匡人又能把我怎样!"紧急关头,他说这样"天命论"的话,真实的用意应该是反对像子路那样去跟匡人拼命。这实在明智。俗话说,好汉打不出村,整个匡地的人把他们师生一行人围起来,他们怎么可以靠斗勇脱险呢?

匡人散去后,孔子一行也赶紧离开。走了不远,就发现少了一个人,颜渊。孔子很着急。一会儿,颜渊就追上来了。孔子就说:"哎哟!我还以为你死了呢!"颜渊回答:"老师还活着,我哪敢死啊!"

颜渊这样回答,不是在说不中听或者玩笑的话,他的回答有孝悌之道。曾子的儿子有几天没有回家,有人就说:"曾子,你的儿子是不是死在外边了?"曾子就说:"不可能,我在,他是不会死的。"什么意思？意思是说，一个有父母要养的人，他出门在外，连走路都贴着边走，哪儿有热闹或发生点儿冲突，他绝不去掺和，绝对不跟任何人生事。为什么？一旦跟别人发生口角、冲突，自己被别人打死了，或者把别人打死了，丧命或者偿命，都叫"一朝之忿，忘其身，以及其亲"（《论语·颜渊》），不能尽孝子之责，还连累父母，使自己陷于不孝。颜渊这话就是讲的这个意思。老师还活着，我不能死，就是有什么事，也得把命保下来，继续伺候老师、跟随老师。颜渊是把孔子当父亲看的。

"畏于匡"之后，孔子又回到了卫国都城，待下来。后来孔子想从卫国出发向西走，去投奔晋国的执政赵简子。结果刚到黄河边，就听到消息，赵简子把晋国的两个贤臣窦鸣犊和舜华杀了。孔子一看晋国执政这样做事，就打消了前往晋国的念头。望着滔滔的黄河水，孔子感慨道："美哉水，洋洋乎！丘之不济此，命也夫！"（《史记·孔子世家》）译成白话就是："好美的水啊！我却不能过河了，这是命吧！"

就在这时候，赵简子有一个手下佛肸（xī），以中牟为据点背叛了赵简子，招孔子，孔子想去。子路站出来反对说：我听老师讲过，有谁做过不善的事，若他还活着，真正的君子，是不会进入他的地盘的。现在佛肸背叛主子，这事不好，您怎么还要去呢？孔子回答："然，有是言也。不曰坚乎，磨而不磷；不曰白乎，涅而不缁。吾岂匏瓜也哉？焉能系而不食？"（《论语·阳货》）

孔子承认自己说过这样的话，但是，他又说，真正坚硬的东西是磨不出划痕的，真正洁白的东西是涂不黑的。言外之意，我去中牟，是想谋点儿生计。这么长时间了，什么事也做不成，我不吃饭吗？你们这一大群人不吃饭吗？不过最后孔子还是没有去中牟。

之后，孔子还是想到陈国去。到陈国，要途经宋国。宋国是孔子祖先的邦国，孔子对宋应该是有着某种特殊感情的。可就是在宋国，他却差点儿遭遇杀身之祸。宋国当时的大司马叫桓魋（tuí），有钱有势，怕自己死了以后速朽，就让人给他做石棺材，石头不易烂，他的尸体也可以不朽了。棺材做了好多年，花费的钱多了去了。孔子知道这件事情，就说，与其这样干，还不如死了以后早点儿烂呢！桓魋听到这话，很不受用，很反感孔子。这是桓魋恨孔子的原因之一。如果我们相信其他一些文献的记载，孔子的学生有一位叫司马牛的，是桓魋的弟弟。司马牛跟了孔子，桓魋觉得弟弟这是不学好，跟孔子瞎跑个什么劲！这也让他很讨厌孔子。

所以，孔子到宋国以后，有一次在一棵大树下与学生们一起演习礼仪。桓魋知道后，就对手下说："去，把那棵该死的树砍了！"于是就有人来砍树。这当然是桓魋故作姿态给孔子看：我宋国不待见你，在我的地盘，连个树荫都不给！砍树，只是给你点儿颜色瞧！还有更厉害的呢！有消息传来说，桓魋要杀掉孔子，省得他整天说诸侯、大臣的坏话。学生们听了消息很是惊慌，催着老师赶紧走。孔子说:"天生德于予,桓魋其如予何?"(《论语·述而》)上天给了我这样的品德,桓魋又能拿我怎样?但学生们不这样想,真出了事就完了!所以大家忙着给老师换掉平日的儒服,着便装离宋,逃离了桓魋的威胁。此事,有记载说孔子"微服过宋"。微服,就是换了衣服,隐藏身份的意思。

还有一个与此相关的笑话。科举考试,入场要有个凭据,写上年龄、相貌等,以便考官检验。那时候没有照相机,相貌特征只能靠文字描述。一个考生写自己"微须"。考官不让他进,说你写了"微须",孔子说"微管仲,吾其被发左衽矣","微"就是"没有",你写了"微须",就是没有胡须,但你怎么稀稀拉拉有胡子啊?相貌不符,不许进!举子一听,就对考官说,哦,你这样解释"微须",那我问你,孔子"微服过宋",怎么解?考官一听,哈,算你反应快,就放行了。

郑国遭遇:累累乎若丧家之狗

孔子适郑,与弟子相失,孔子独立郭东门。郑人或谓子贡曰:"东门有人,其颡似尧,其项类皋陶,其肩类子产,然自要以下不及禹三寸。累累若丧家之狗。"

——《史记·孔子世家》

离开宋国后,孔子一行没有去陈国,而是掉头往西,来到了郑国。有学者对孔子到这地方,有一个聪明的猜测,说这是怕桓魋追杀。桓魋知道孔子往陈国去,派人朝那个方向追,孔子就往郑国都城走。这样孔子一行辗转来到了郑,也就是今天河南的新郑。他在这里不但没有得到机会从政,还恰逢郑国有乱子,孔子和学生走散了,只剩下孔子一个人,孤零零地在郑国的城门旁边张望等待。子贡这时跟随着孔子(孔子周游时,学生有时会离开一阵子),就找老师。但在稠人广众之中寻人,颇不容易,所幸的是老师长相有特点。结果子贡向一个人打听,问对方是否见到他的老师。那人一看,子贡是外地来的,想起了刚才在城东门看到的一个老头儿,就说:"你问对了。刚才看到一个人,他额头像尧,脖子似皋陶,肩膀类子产,可是呢,自腰以下不及禹三寸,累累乎若丧家之狗,正在城东门那里张望等待,那人是不是你老师啊?"子贡顺着郑国人提供的线索,找到了孔子,就把刚才郑国人的描述说给老师听。孔子听完,呵呵笑了,说:"我长得像这个,像那个,都是外形,是次要的事,不打紧;但说我像丧家狗,是对的,传神啊!"

这就是孔子"丧家狗"典故的来历。关于"丧家狗",古代的注解,还不是我们今天所说的流浪狗,而是有丧事家的狗,就是死了主人的狗。不管如何,在没了主人这一点上,与今天的流浪狗还是一样的。在现实生活中,孔子的确找不到主人,找不到归宿。可是在精神上，孔子又何尝一日"丧家"呢！孔子是不是"丧家狗"，就需要后人妥善理解了。

在郑国，师生们除了有一次在荒乱中走散的记载，其他就不得而知了。孔子在郑国待的时间不长，最终去了陈国。在陈国，他待了有三四年，住在陈国贤大夫司城贞子家。这里要补充一点，就是孔子周游时一般都住在哪儿。在卫国，先是住在子路的内兄（妻兄）颜浊邹家里，后来又住在大贤蘧伯玉家里。

孔子在陈国时，陈国出了一件怪事：宫廷里落了一只大鸟。细看，鸟腿上还扎着一支箭，箭上写着"肃慎"两字。"肃慎"是我国东北地区的古老民族，现代有学者研究，认为肃慎是女真人、满族人的祖先，历史上的金朝和清朝就是肃慎的后代建立的。但在当时的陈国，君臣都有点儿抓瞎，不知道是哪儿来的箭，肃慎又是什么。正好孔子在，他们就拿了箭来问孔子，孔子看了一下，就说："当年周武王灭了商以后，广泛联系天下各族，遥远的东北有一个民族叫肃慎，也臣服于周，他们专门向周王朝进贡笔直的箭，由箭杆和石制的箭镞组成，总长一尺有余。你们陈国是舜的后代，周武王当时把大女儿嫁给你们陈国的国君胡公满，在陪嫁物当中就有肃慎之矢。不信你们可以打开你们的金匮档案，是可以找到记录的。"陈国人就去查档案，果不其然。陈国人觉得孔子这个人真的是了不得啊，对历史的掌故，了解得那么多，好博学啊！

但是,陈国最终也没用孔子。还是那句话,博学的孔子,只要把自己的为政主张拿出来,摊在老贵族眼前,老贵族就要摇头了。

就在这段时间里,孔子想到了回家,回鲁国。但事实上孔子没有马上回鲁国,而是向南到楚国去了。

第七章

「知其不可而为之」：孔子南游

第七章 "知其不可而为之"：孔子南游

孔子周游中原列国，遇到的尽是些昏聩的诸侯，现在却有一个好消息。在陈国时，孔子听说楚国当时在位的楚昭王是一位有仁爱之心的君主。有一次楚昭王生病，天空中出现了不祥的兆头，一个巫（巫和医本是同源的，古代的医就是从巫分化发展过来的）说："这是您犯病的征兆。不过我有办法，我掐诀念咒，可以把您身上的病转到大臣身上去。"楚昭王听了，一笑，说："我得病不好，大臣得病就好吗？算了，你也别给我转移这个病了，就让它在我身上待着吧！"楚昭王能这样对待自己的病，正是"己所不欲，勿施于人"的体现，颇有仁者气派！

据记载，当时楚昭王正因为陈国受到晋、吴的攻击，而率军前往救援，驻扎在离陈国都城不远的地方。他听说了孔子在陈，就派人和孔子通消息。这就有了孔子游楚的事情。

陈蔡绝粮：君子可以忍受逆境

> 在陈绝粮，从者病，莫能兴。子路愠见曰："君子亦有穷乎？"子曰："君子固穷，小人穷斯滥矣。"
>
> ——《论语·卫灵公》

孔子想游楚，在陈蔡之间，却遭了大厄，差点儿没饿死。

在此之前，孔子也曾到过蔡国，但蔡国的当政者不用他。鲁哀公六年（前489年），吴国伐陈，楚昭王为救陈而率师驻扎城父。《史记·孔子世家》记载，此时楚昭王令人"聘孔子"，"孔子将往拜礼"。城父在今天河南襄城西南，空间上在陈国西边、蔡国西北。孔子既然是前往"拜礼"，就从蔡国的某地出发，经过陈国向西北方向走。不承想走到陈蔡之间，被困住了。也有另外的说法，说孔子之所以被困在陈蔡之间，是有人要谋害他。《史记》说，听说楚国要用孔子，陈蔡两国的大夫们坐不住了，他们合谋，认为孔子到楚国后会危害他们，于是决定发徒役将孔子围在陈蔡之间的荒野上。这种说法有问题，因为当时的陈蔡两国，一个与楚结好，一个是吴的盟国，两方势同水火，不大可能为孔子的事合谋。孔子在陈蔡的野外被困七天，合理的解释是因为当时陈国方面为抵抗吴国而坚壁清野，津关戒严，任何外来宾客都无法接待；而蔡国正在谋划南迁首都，靠近吴国。在这样的情形下，孔子经过陈蔡之间，公私两方面都找不到接济，所以就断了粮，挨了饿。

关于在陈蔡绝粮的事，古代文献多有记载。说孔子和他的学生七天没吃的，就快到大限了。随从的学生们面黄肌瘦，饿得爬不起来。可是，他们看看老师，孔子还在那里诵读、歌唱、弹琴，好像没事似的。大家都奇怪，老师怎么这样扛饿呀？其他同学听老师在那里诵读弦歌，越听越觉得饿得慌，子路则不然。他是越听越生气，憋不住就一脸恼怒地来见老师，见面就问："君子亦有穷乎？"人家真正的君子，也会遭受这样的艰难吗？言外之意，我们跟您老人家学道，最后落得这样的田地，饿得前胸贴了后背，难道有志于君子之道的人，就该是这样的下场？

孔子看看子路，好像又看到了当初师生第一次见面时那个卞之野人。孔子平静地说："君子固穷，小人穷斯滥矣。"（《论语·卫灵公》）是啊，是真君子就能忍住现在的逆境，若是小人，到现在，为了吃饭活命，就会无所不为了。说完看看子路，仿佛在问：子路，你现在要做君子还是小人？子路一如当初的真挚，听了老师的话，马上就想通了，于是坐到孔子的身旁一声不响，学着老师的样子，专心去跟辘辘饥肠作斗争了。以上是《论语》透露的当时情况。

看《史记·孔子世家》的记载，内容要丰富得多。孔子知道，像子路这样因为饥饿而质疑自己所坚持之道的弟子,不在少数,不得不管一管大家的精神了。于是,他先把子路叫过来,问子路:"《诗》云:'匪兕匪虎,率彼旷野。'吾道非邪?吾何为于此?"孔子引了《诗经》两句诗说,我们不是老虎、犀牛,却流落在旷野,是我们的道有问题吗?不然何以沦落至此?子路也纳闷,就对老师说:"莫不是我们还不够有仁爱,还不足以取信于所有人;要不然就是我们还不够有智慧,人家还不能让我们行道。"孔子听了,脸上露出一丝苦笑:"是这样吗?仲由,假如有仁道的人必能获得别人的信任,还会有伯夷、叔齐饿死在首阳山这样的事吗?假如真正有智慧的人在行道上必能获得别人的许可,那还会有王子比干被挖心而死这样的事吗?"孔子的意思是:子路你真傻啊,行道就有危险,就应该做好遭遇艰难困苦的心理准备啊!

接着,孔子叫子贡过来,用同样的"匪兕匪虎,率彼旷野"的话问他。子贡用他聪明的头脑想了想,说老师的道太伟大了,以天下之大都容不下,于是他顺便劝孔子,说老师您何不降低一下您的道的标准呢?这样就可以通行无阻了。孔子听了,就批评子贡说:"赐,良农能稼而不能为穑,良工能巧而不能为顺。君子能修其道,纲而纪之,统而理之,而不能为容。今尔不修尔道而求为容。赐,而志不远矣!"大意是说,好的农夫只能保证自己种好庄稼,却不能保证一定有好收成;巧匠只能保证自己手艺精致,却不能保证活计能符合每一个人的心意。君子只管沿着正路修道，怎么能为了让别人容下自己就牺牲自己修道的标准呢？

最后，孔子又把颜回叫来问了同样的问题。颜回的回答是，老师的道太伟大，所以别人不能容您；然而越是别人不能容您，越发显得您所修之道的伟大，这不是老师的耻辱，而是当政者们的耻辱。颜回这样说，深合孔子之意。

孔子有一个绰号叫"知其不可而为之者"。这个绰号，就是在孔子南游时，南方的一些士人给他起的，还告诉了孔子的学生。这里正有孔子（还包括颜回）的真精神：顺着世道而为，可能会做成一点事，甚至是大事，但算不得什么；而为了美好的理想，逆势而为，明知做不成，却绝不放弃，这才是疾风下的劲草，风霜中的松柏！这才是真儒特有的大豪杰精神！

以上是《史记·孔子世家》的记载，与子路的对话虽有演绎成分，但大体可信。孔子与子贡、颜回的对话，或许采纳了传说，却也颇能显示孔、颜精神。《荀子》对陈蔡绝粮之事的记载，只有孔子和子路的对话。比较《论语》和《荀子》的记载，后者多了如下的内容："夫贤不肖者，材也；为不为者，人也；遇不遇者，时也；死生者，命也。今有其人，不遇其时，虽贤，其能行乎？苟遇其时，何难之有！故君子博学、深谋、修身、端行，以俟其时。"（《荀子·宥坐》）大体是说君子求诸己，至于道能不能行，自己的遭遇如何，可归之于天。用孟子的话说，这就叫"君子行法，以俟命而已矣"（《孟子·尽心下》），这是儒家修道做人的根底。

与叶公论道：什么是善政

> 叶公问孔子于子路，子路不对。子曰："女奚不曰：'其为人也，发愤忘食，乐以忘忧，不知老之将至云尔。'"
>
> ——《论语·述而》

饥饿没有再延续，按司马迁的说法，是楚国人帮着解了围。糟糕的是，就在这一年（鲁哀公六年，前489年）的秋天，楚昭王死了。孔子周游列国最后的希望也断掉了。不过，南游的孔子还是见到了楚国的一位贤臣叶公（姓沈，名诸梁，字子高），就是寓言"叶公好龙"中的叶公。那则好龙的寓言讽刺叶公不好真龙好假龙，是否与他最终不能用孔子有关，不得而知。另外，孔子见叶公，也可能是发生在孔子往来于陈蔡之间的时候，比绝粮之事早。究竟如何，不得而知了。

当时叶公是楚国的地方大员，孔子南游，子贡、子路先去联络叶公，为孔子到楚打前站，接洽各种事宜。当时楚国的势力向北发展，已经到达了今河南南阳、许昌一带，镇守这一带的就是叶公。

子路来和叶公联络，叶公就问：你们的老师孔子是个什么样的人呢？不想，子路跟随孔子这么多年，却是灯下黑，一下子被问蒙了，答不上来。子路回来把这事跟孔子一说，孔子说："女奚不曰：'其为人也，发愤忘食，乐以忘忧，不知老之将至云尔。'"(《论语·述而》)意思是，你怎么不说，我老师这个人，读书讲学，一发愤就忘了吃饭，精神乐观，忘了忧患，虽然年纪不小了，却从不觉得自己老。

这就是孔子在周游列国期间保持的精神状态，发愤讲学，精神昂扬，不服老，也不觉老。孔子周游列国，一直找不到知己，找不到任用自己的君主，到处碰壁，但还是"乐以忘忧"，这就不简单了。现代教育学、心理学研究一个人成功的主要因素，发现智商占一半，还有一半就是情商，有人甚至认为"情商"的比重可能还要多些。坚定的意志，不挠的精神，这些都是情商高的表现，不属于智商。精神上，孔子不是有人说的"丧家狗"，相反，他乐观得很！这里，"乐以忘忧"实在堪称儒家人生的特定旨趣。儒家讲做人，讲究的就是一个"乐"字。富也乐，穷也乐；得志乐，失志也乐。这就是"孔颜乐处"。孔子讲过："饭疏食饮水，曲肱而枕之，乐亦在其中矣。不义而富且贵，于我如浮云。"(《论语·述而》)这是孔子说他自己在穷困时也不失其乐。他称赞颜回也是如此："贤哉，回也！一箪食，一瓢饮，在陋巷，人不堪其忧，回也不改其乐。贤哉，回也！"(《论语·雍也》)颜回处穷困不失其乐观，就是贤。

子贡曾经问孔子,说一个人"贫而无谄,富而无骄",怎么样?孔子说,好倒是好,但"未若贫而乐,富而好礼者也"(《论语·学而》)。穷困中不失乐观,正是儒家要求的人生态度。基督教讲人生即有罪,佛教讲人没出生就苦,而儒家则讲究"乐",乐观向上的"乐"。这其实可以说是一种中国精神。孔子周游七十余个邦国,到处碰壁,却始终乐观,非常难能可贵!因为他有"居易以俟命"(《中庸》)的精神,所以不会流于愤青的狂狷无状。

据说孔子在负函,见到了叶公。叶公就问孔子:什么是好的政治?孔子回答:"近者说,远者来。"(《论语·子路》)意思是说好的政治,是老百姓在你的领导下都欢乐,远方的人都想投奔你。用现在的话说,就是治内的老百姓幸福指数高,治外的老百姓想移民到你这里来。这话虽简单,却对什么是好政治下的好国家作了准确的概括。一个国家政治好不好,得看老百姓生活得高不高兴。关起门来自己吹嘘自己多么好,也不算数,要看你的国家是否发展向上,是否对外国人有吸引力。

他们还谈了一个"直躬"的事情。"叶公语孔子曰:'吾党有直躬者,其父攘羊,而子证之。'孔子曰:'吾党之直者异于是。父为子隐,子为父隐,直在其中矣。'"(《论语·子路》)叶公说:"我们这儿有个人叫直躬,他父亲偷了羊,他就告发父亲。我认为这种做法是对的,国法嘛,不告发就是窝藏包庇啊!"孔子就说了:"我们那里不这么讲。我们那儿是父亲偷了羊,儿子替父亲隐瞒;儿子偷了羊,父亲替儿子隐瞒。相互包庇之中,就有一个'直'道在其中。"

这实际是一个伦理学上的悖论,老子偷东西犯法,儿子能不能告?叶公的意思是可以告,孔子的意思则是不可以告,不但不告,还得隐,"父为子隐,子为父隐"。叶公是站在国家角度,孔子则是站在家族立场。父子之情是天伦,国家中人与人之间的关系则是人伦。是要天伦,还是要人伦?古希腊悲剧《安提戈涅》也提出过这样的问题,作者还是站在了天伦的角度。此无他,任何国家群体与个体之间的关系都深受最初始的关系影响,父子关系就是最初始的关系。破坏了它,国家关系也就难以维持。孔子说父子相隐是"直"道,就是因为父子关系是最初始的关系,父子最亲,两者不论哪个有了错误,另一方最直接的反应就是隐瞒。相反,告发的行为则是经过了计较,有私心在起作用,就不"直"了。所以,一个社会,可以因为包庇窝藏而治人罪,但儿子告发父亲,则不宜提倡。

也有个"度"的问题。偷一只羊,罪过不大。若是滔天大罪,则不然。在《左传》这部与儒家关系甚深的经典里就有"大义灭亲"的故事。卫国贤臣石碏,因为自己的儿子石厚助纣为虐,与弑君自立的州吁搅在一起,严重危害了国家安全,石碏就设计把州吁和不肖子杀掉了。儒家认为这是正确的。由此可知,在亲情和国法之间,儒家是分轻重的,并不是一味袒护某一方面。

孔子跟叶公谈是谈了,但最后还是没有留在叶公那里。说到底,当时的所有当政者,都是"叶公好龙",孔子的高远理想难以施展。经过此事,孔子也许看清了现实。

鸟兽不可同群:回应隐士们的冷言冷语

子路宿于石门。晨门曰:"奚自?"子路曰:"自孔氏。"曰:"是知其不可而为之者与?"

——《论语·宪问》

南游的历程中,孔子师徒还遇到一些有知识而无地位的人物,他们的灰心丧气与冷嘲热讽,同样让孔子深感失望。

这些人被视为隐士,且一般都被认为是楚国人。实际上并不是。孔子经历的陈蔡之地,只是现在归楚国管辖而已,楚国向北征服诸侯,晋国也不甘示弱,两方南征北战,陈蔡之地就成了争霸战争中来回拉锯的地方。这里的诸侯国家今天被这个征服,明天又向那个输诚,战乱不已,生灵涂炭,弄得这里很多的士人也因此失魂落魄。这些士人读过书,也懂得很多事,但赶上这样糟糕的世道,就一个个灰心丧气,都一味地逃避现实。孔子南游,没少遇到这类人。

有一次孔子迷了路,找不到渡口了,看见两个老头子在田里合力耕种。《论语·微子》记载这两个人,一个叫长沮,另一个叫桀溺,大概是《论语》的编者姑且给他们起的名字,他们的本名无从知晓了。孔子使子路问津,长沮就问:"夫执舆者为谁?"执舆即执辔,手挽着马缰绳。这就是说子路给孔子执舆驾车,子路去问津,孔子就得代为执舆。子路回答:"是孔丘。"长沮一听,提高了嗓门说:"是鲁国孔丘吗?"子路回答:"是。"长沮就说:"那他应该知道渡口在哪儿啊!"说罢就埋头干活。子路没办法,转而问桀溺。桀溺发话:"你又是谁?"子路答:"我是仲由。"桀溺说:"是鲁国孔丘的那位徒弟吗?"子路说:"是。"桀溺就说:"坏人坏事如滔滔洪水,天下到处都是,谁又改变得了这种情况?你呀,与其跟着'辟人'之人跑,不如跟着我们这些'辟世'之人过日子!"说罢继续挥动耙子耙地。"辟人"之人,指周游列国的孔子。"辟世"之人,指长沮、桀溺。

子路把这些话告诉了老师。孔子听罢,怅然许久,最后,抬起头来,像是自言自语,又像是对子路,对天下所有的长沮、桀溺这类人说:"鸟兽不可与同群,吾非斯人之徒与而谁与?天下有道,丘不与易也。"(《论语·微子》)人只能与人在一起生活,不能与鸟兽异类活在一起。这两个人好像是"辟世"了,可还不是得两个人合伙才能耕种,才能活下去?"辟世",说着容易,真"辟"得了吗？不过是矫情罢了。既然最终还是得生活，现在世界乱了，总得有人出来改造它。如果大家都避世躲开，就太不负责任了。若天下变好了，也就用不着我孔丘出来改造它了。这几句话，一竿子戳到底，把所有隐士的短都揭了，也把孔子知其不可为而为之的精神表达了出来。

还有一次是子路与孔子走散了，在一个叫石门的地方，遇上一位用杆子挑着大筐的老汉。子路问："你见过我们夫子吗？"老汉说："你们这些人四体不勤，五谷不分，谁是你的夫子啊？"（《论语·微子》）他骂孔子不劳动。孔子的确对学生学生产方面的事持反对态度，不过不是反对所有生产劳动，而是反对学生仅用劳动的方式改造世界。在孔子看来，这叫"君子不器"（《论语·为政》）。一个有志于改造社会的人，不能指望单靠种粮、种菜，应该关心"道"的层面上的事。

孔子是一个反对实业救国论者。他认为要改造世界，想问题太直接、太现实不行。孔子说过一句很有趣的话，就包含着这样的道理，他说："耕也，馁在其中矣；学也，禄在其中矣。"（《论语·卫灵公》）怕吃不上饭挨饿，就去种地，孔子说，遗憾得很，世界上挨饿的全是种地的农民。这话发人深省。孔子这样说，是想敲打那些太功利太现实的人。有志向改造社会，就要在分辨是非善恶和完善社会政治的方面多用心。老汉骂孔子四体不勤，五谷不分，实际是不了解孔子，孔子少年时什么活计没干过？大概老汉就是一个因怕挨饿而"耕也"的人吧。

挑筐的老汉骂了一阵后,见子路没地方去,就把他带到家,给他煮了一锅黍米饭,还杀了一只鸡。招待得还不错呢!后来"鸡黍"就成为文人交往的伙食标准了,像东汉的典故"范张鸡黍",孟浩然的诗句"故人具鸡黍"等,都是从这里来的。杀鸡煮饭之际,老汉还把自己儿子叫过来,说,你见一见,这是孔子的高足子路。第二天,子路找到了孔子,把昨天的遭遇讲给老师听。孔子说,你再去找他,跟他讲:你看你是个隐士,可是你家里也有伦理,你有儿子,而且你还让儿子跟客人相见,你能有小家的伦理,怎么能够忘记天下苍生也要有秩序、有人伦这样的大伦理呢!

还有一个叫接舆的楚地人,他曾追着孔子的车,一边跑,一边唱:"凤兮凤兮!何德之衰?往者不可谏,来者犹可追。已而,已而!今之从政者殆而!"(《论语·微子》)凤凰啊凤凰!你的德是何等不济啊,过去的事情不可挽回,未来的日子还可以追补呀。罢了吧,罢了吧!现在的当政者都是些危殆不可救药的人啊!他边跑边唱,像得了精神病。孔子想下车跟他谈谈,他却快步跑开了。

当时,社会上有不少灰心丧气的人。孔子要坚持自己的入世精神,就得在精神和心理上跟这批人作斗争。孔子在到处碰壁之余,还要不断听着这些人的泄气话,这也是一种折磨,如果经不住,也可能会被打垮。这就是孔子周游后期的特殊经历。

决意返鲁：求仁得仁又何怨

子路曰："卫君待子而为政，子将奚先？"子曰："必也正名乎！"子路曰："有是哉，子之迂也！奚其正？"子曰："野哉，由也！君子于其所不知，盖阙如也。名不正，则言不顺；言不顺，则事不成；事不成，则礼乐不兴；礼乐不兴，则刑罚不中；刑罚不中，则民无所措手足。故君子名之必可言也，言之必可行也。君子于其言，无所苟而已矣。"

——《论语·子路》

到了孔子周游列国的第十四个年头，孔子和他的一些学生又来到了卫国。

现在的卫国，已经不同于过去。卫灵公死后，南子的权势却不减，新的卫国君主就掌握在她手里。卫国的政局很微妙。当年太子蒯聩因为要杀南子，被逐出卫国。卫灵公死了，麻烦就来了。谁来继位呢？卫灵公晚年，想立另一个儿子公子郢，可是郢不答应。流亡晋国的蒯聩，有个儿子名辄，也叫卫辄，留在卫国，卫灵公死时，他还是个十几岁的孩子。他成为卫国的新君主后，大权就操在南子的手里。这时候，蒯聩仍健在，而且还与晋国的执政赵简子关系密切。赵简子看重蒯聩，完全是因为觉得他可以成为搞乱卫国的筹码，奇货可居，就收留了他。等卫灵公一死，年少的卫辄继位，赵简子看可以给卫国添乱了，就送卫辄的父亲蒯聩进入卫国。南子派人阻挡，蒯聩进不了都城。这时赵简子手下的一位高人就出了一个主意。谁呢？阳虎。若干年前，阳虎投奔了晋国赵简子，现在他也在护送蒯聩的队伍里。眼看蒯聩进不了都城，阳虎就选了十来个人化装成穿丧服的卫国人，去骗守门人开门。于是蒯聩进了城并长期盘踞在这里，等待机会。晋国给蒯聩撑腰，照说蒯聩很容易把大权抢过来，但这时的齐国、鲁国都支持卫国，所以在一段时间里，就形成了儿子在都城做君主，父亲却占据另一个城邑，双方虎视眈眈的危局。

这正是孔子十余年后再次来到卫国时面临的复杂微妙的局面。应该就是在这一次来卫国时，孔子在与子路的一次交谈中，狠狠数落了子路一顿。子路看清了卫国当时棘手的局势，所以想探探老师的想法，他就问："卫君待子而为政，子将奚先？"子路问，假如现在卫君要用您主政，您先从哪里下手呢？孔子回答："必也正名乎！"（《论语·子路》）孔子说，我要先正名，君要像个君，臣要像个臣；做父亲的要像个做父亲的，做儿子的要像个做儿子的。孔子说这话，很明显，针对的是当时卫公辄和他父亲蒯聩之间"父不父、子不子"的糟糕状况。

子路一听，顿时就跟老师杠上了，怼了一句："有是哉，子之迂也！奚其正？"有您这样迂腐的吗，这还怎么正名？子路口无遮拦，居然当面用了"迂"字来说老师。不过他说的也有道理，蒯聩和卫公辄父子俩，针尖对麦芒，谁也不让谁，其实是南子在和当年的太子较劲，是小妈和嫡长子在对抗。更要命的是，外部还有晋国、齐国等列国相争的复杂背景，那个"名"是说"正"就能"正"的吗？

孔子跟其他学生不抬杠，可对子路不一样，立马变得光火起来，说话像连珠炮："野哉，由也！君子于其所不知，盖阙如也。名不正，则言不顺；言不顺，则事不成；事不成，则礼乐不兴；礼乐不兴，则刑罚不中；刑罚不中，则民无所措手足。"(《论语·子路》)先骂一句"野小子，子路"，之后就是一口气的成串句子，一句顶着一句，鱼贯而出，语速很快。《论语》此处的记言，颇能表现人物当时的神情口吻，描写得惟妙惟肖。说到底，尽管这么多年到处碰壁，孔子的政治理想，一点儿也没变。

恰在这时候，鲁国派人来接孔子了。派的是谁呢？冉有。冉有奉季康子的命令来接孔子回国。季康子是季桓子的儿子。季桓子晚年多病，有一次坐在车上看鲁国城，看到高大的城墙，感慨地说：当年要是不把孔子弄走，这个国家应该很强大吧！这也是人老了，慢慢就想明白了一些事，但也晚了。他嘱咐儿子季康子，一定要把孔子接回来。父亲这样交代，季康子当不当一回事也难说。可巧，孔子的学生冉有任季氏宰，他多才多艺，能打仗。另外，孔子还有一位学生樊迟当时也在鲁国。他俩在一次与齐国的战斗中表现非常出色。季康子见他们打仗本事都这样大，就问他们跟谁学的，冉有就说跟孔子学的，顺便还说了老师一大堆的好话。既然学生都这么厉害，老师应该更了不得。所以，季康子才派冉有来到卫国接孔子。

但是，不知道什么原因，孔子就住在卫国，不说走也不说不走，冉有等人只能等着。当时孔子有一些学生在卫国做官，大家猜测他是不是也要在这里从政。冉有不知怎么办，就向子贡讨主意。

子贡说，我去问问老师吧。子贡要问孔子，怎么问？说老师你是不是想给卫公辄干事啊？这样问，不是子贡的水平。子贡善言辞，这会儿就表现出来了。他问老师："伯夷、叔齐何人也？"伯夷、叔齐是什么样的人呢？孔子回答："古之贤人也。"子贡又问："怨乎？"他们对彼此相互让位而离开父母之邦，以致最终饿死的做法后悔吗？他们会因自己不得善终而恨这个世界吗？孔子回答："求仁而得仁，又何怨？"（《论语·述而》）他们那样做，是为实现仁者之道，而且他们也得到了仁者之道，又怨个什么呢？

孔子这样回答，子贡得到了想要的答案，出来就对冉有说："夫子不为也。"为什么这样说？因为老师对伯夷、叔齐互相让位的做法是肯定的。既如此，对现在卫君的做法自然就是不赞成了。

师生问答像是打哑谜，这是建立在师生的相互了解之上的。

当时还有另外一件事，促使孔子下决心离开卫国，那就是孔文子想要攻打另一位大臣大叔疾，孔子劝止了他。眼看卫国要有乱子，一向都是危邦不入、乱邦不居的孔子，才不会把自己和这样的是非搅和在一起呢！他马上乘车，与冉有等弟子一起回鲁国去了。

这时，是鲁哀公十一年（前484年）的冬天，距离孔子当年出走他邦，已经十四年了。这时的孔子已经是六十八岁的高龄了！

第八章

『子为国老,待子而行』：孔子归国

孔子漂泊十四年后返鲁，但是政治上仍然坚持理想，他是一个不妥协的老人。孔子返鲁时，鲁国的执政者是季桓子的儿子季康子，国君是鲁哀公。回到鲁国后，孔子依然是"发愤忘食"，教育弟子，编修经典，也关心政治。

国老议政："编外"老大夫的坚持

樊迟问仁，子曰："爱人。"问知，子曰："知人。"樊迟未达。子曰："举直错诸枉，能使枉者直。"樊迟退，见子夏曰："乡也吾见于夫子而问知，子曰：'举直错诸枉，能使枉者直。'何谓也？"子夏曰："富哉言乎！舜有天下，选于众，举皋陶，不仁者远矣。汤有天下，选于众，举伊尹，不仁者远矣。"

——《论语·颜渊》

孔子出走的时候是大夫,回来后季康子还让他当大夫,只是不给任何职权,表面上很尊敬,称孔子为"国老"。《左传·哀公十一年》记载冉有的话说:"子为国老,待子而行。"意为孔子是国老,鲁国有些事需要听一听孔子的意见才能施行。当时孔子应该是拿了一些俸禄的。

孔子一回到鲁国,季康子就问,你的学生,都谁有政治才干呢?我们要任用啊!季康子还着重问:"仲由,可使从政也与?"仲由就是子路,这是问子路是否可以从政。孔子回答:"由也果,于从政乎何有?"(《论语·雍也》)意思是,你说仲由啊,这个人很果敢,从政对他来说有什么不可以的呢?孔子这里用了"果"字。《论语》中孔子常骂子路,批评子路"好勇"。但是经过多年的开导、矫正,孔子已经不再用"勇"来说子路,而是用"果"来评价他。也就是说,子路已经从"勇"这一自然品性中生发出新的品格,那就是"果"。"果"就是做事干练,果敢,不优柔寡断。孔子说,他有这样的品质,从政是完全可以的。

季康子还问到了子贡:"赐也,可使从政也与?"孔子说:"赐也达,于从政乎何有?"说子贡这个人非常练达,"世事洞明皆学问,人情练达即文章",从政对他来说又有什么难的呢?季康子又问到了冉有,说:"求也,可使从政也与?"孔子曰:"求也艺,于从政乎何有?"艺,本义是种庄稼,庄稼种得好,长得茂盛,这是本事。孔子说冉有多才多艺,从政也是没有问题的。

由此可知，孔子返鲁后，季康子任用了孔子的一些学生。说起来，在孔子返鲁之前，孔子门人就有在鲁国被任用的。《左传》记载孔子回鲁之前的几个月，鲁国与齐国打仗，冉有就做了鲁国的将领。又如子贡，孔子回来前五六年他就已在鲁国从政，在外交上有突出表现。孔子回来了，季康子问问孔子，这也许只是表示客气，给个人情而已。

鲁哀公也曾向孔子问政。尽管鲁哀公没有任何实权，可他也想有所作为，消灭三家势力。智小而谋大，最后他因此举失败而出走，死在了国外。他的遭遇令人哀伤，所以称他为哀公。关于孔子答鲁哀公问政，在《论语》之外，儒家的另一部经典《礼记》也记载了不少，这里我们只谈《论语》的记载。鲁哀公问："何为则民服？"孔子对曰："举直错诸枉，则民服；举枉错诸直，则民不服。"（《论语·为政》）

鲁哀公问了一个很大的问题：如何才能让民众对政治统治者心悦诚服呢？孔子的回答是"举直错诸枉"，字面的意思就是拿正直的去矫正邪恶的，这样民众就服了。作为政治圈中的上层，你的政策是对的，你举的人才没有贪污，没有品德上的瑕疵，也就是能选拔公正的贤才，老百姓就服气。这些人上台，没有把柄，正直，就可以纠正一些错误的为政举措，老百姓就服气。所以说，选举一个什么人上来，老百姓就可以看清楚你为政是什么德行。你选举的人有问题，为官有不光彩的事，老百姓马上能看到你的葫芦里卖的是什么药。这就叫"举枉错诸直，则民不服"。鲁哀公这样问，大概是想要收民心。

　　孔子这样答，是他一贯的思想。他对学生樊迟也说过这样的主张。《论语·颜渊》篇记载，樊迟问："什么是仁？"孔子回答："爱人。"樊迟又问："什么是智？"孔子说："知人。"什么是政治智慧呢？作为一个领导，不知人便不能善任，知人善任才是最大的政治智慧。结果樊迟听了半天听不明白，孔子就说："举直错诸枉，能使枉者直。"这句话就跟刚才我们讲的一样，举直的，纠正歪的，歪的也就变直了。结果樊迟听了更是一头雾水。樊迟见了子夏，就问："刚才我见到了夫子，我问他什么叫智，夫子说'举直错诸枉，能使枉者直'，这什么意思啊？"子夏一听，说："富哉言乎！"接着说，"我给你举个例子吧，比如舜有了天下以后，从众人里选出了皋陶做司法官，结果怎么样？不仁者就走开了，那些坏人、德行不好的人，一看你举了皋陶做官，得，我们没有市场了，'不仁者远矣'。又说商汤有了天下，从民众中选人，最后选了谁？选了伊尹，伊尹是著名的宰相，不仁的人也就远离了。"

　　《左传》还记载了一件事情，是个反常现象。孔子老年回到鲁国时，鲁国十二月份，还在闹蝗虫，蝗虫叫螽，《诗经》里就有"螽斯羽，诜诜兮。宜尔子孙，振振兮"（《诗经·周南·螽斯》）。蝗虫繁殖力强，古人曾经拿它来祝愿子孙繁盛。但是到了十二月还在闹蝗虫，就太不正常了。要注意，春秋时的十二月，是周历，周历的十二月份相当于夏历的十月份，可夏历十月份也该冷了，不该闹蝗虫了。于是季康子就来问孔子闹蝗虫的原因。孔子说，我听说过，心宿的第二颗星火星在天空见不到了以后，万物就开始蛰伏，不应该再闹蝗虫了。用现在的话说蛰伏就是"入蛰"了。孔子接着说，可是现在呢？在晨昏之际还能看到火星，只是偏西，这不是因为别的，不是老天爷变了，而是历法官员出错了，正确的历法还不到冬天。历法在当时属于高科技，这是孔子博学的表现。这里孔子回答季康子的问话，是属于好言好语的，但下面两件事可就不这样了。

一是季康子患盗，鲁国盗窃现象严重，治安不好。季康子就此事问于孔子，在前面我们讲过。

还有一件事，季康子问："如杀无道，以就有道，何如？"孔子对曰："子为政，焉用杀？子欲善而民善矣。君子之德风，小人之德草，草上之风必偃。"（《论语·颜渊》）杀无道就有道，后来法家学派专门讲这个观点。法家从商鞅到韩非子都讲八个字——以杀去杀，以刑去刑。有这样一个说法，商鞅之法，弃灰于道——即把炉灰倒到马路上了——就要断手足。这样做，不是刑法太重了吗？是重了，但由此可以防止人们再做其他更大的错事。法家认为，垃圾扔到马路上，顶多罚五块钱，你下次还倒。所以有些法家打比喻说，你看慢坡地，高三十米也能爬上去，如果垒个十米的高墙，就谁也爬不上去了。严刑峻法就是要垒一个十米的高墙，防止人们犯错误。这就叫"以杀去杀，以刑去刑"。道理也说得过去，秦国政治就是这么干的。可是呢，干了十几年就垮了台！从季康子对小民磨刀霍霍的架势，可知法家这一套，是来自没落老贵族的政见，但孔子反对这一套。秦王朝的迅速垮台，就证明了孔子的反对有道理。

这就是孔子的不妥协。季康子是执政，好心好意问你，你若不同意，可以和颜悦色地说。但是，看到了吗？"苟子之不欲，虽赏之不窃！"这话说得多厉害，无异于直接打脸！这是孔子的本色，周游列国为什么不得志？如果在错误的政治观点面前和颜悦色，也就不用那样没完没了地碰壁了。所以说，孔夫子的人格底色，绝对不像有些人讲的，到处讲和谐，就好比上了电梯，主动跟别人打招呼，气氛不就活了吗？这种说法让人觉得好笑！这是孔子吗？这不是孔子！不然，他就不会周游列国，到处都不得志了。

藏富于民：批评好聚敛的上位者

季孙欲以田赋，使冉有访诸仲尼。仲尼曰："丘不识也。"三发，卒曰："子为国老，待子而行，若之何子之不言也？"仲尼不对。而私于冉有曰："君子之行也，度于礼，施取其厚，事举其中，敛从其薄，如是则以丘亦足矣。若不度于礼，而贪冒无厌，则虽以田赋，将又不足。且子季孙若欲行而法，则周公之典在。若欲苟而行，又何访焉？"弗听。

——《左传·哀公十一年》

回国以后，最让孔子痛心疾首的是另外一件事情。孔子回鲁是在鲁哀公十一年（前484年）的冬天。就在这时候，为了提高次年的财政收入，季康子及其手下的大高参、二高参，包括孔子那位做了季氏宰的学生冉有，提出来要用"田赋"，就是采取一种新的税收政策来加大财政收入。具体内容是根据每家的田亩数量征收一种用于军队开支的费用。

鲁国早在鲁宣公时期，就已开始实行"初税亩"，即"履亩而税"，民众有多少亩土地就抽多少税。后来鲁成公时又实行"作丘甲"，古代四邑为一丘，丘就是一个行政单位，一个行政单位要出军事上的开支，具体说是每一丘都要出国家制铠甲的钱。这都是加重民众负担的做法。现在又想根据田产征收另外一种赋。"赋"是什么呢？赋字从"贝"从"武"，收这笔钱，是因为任何人要过太平生活，都需要有人来守卫国家，需要军事开支，所以"赋"是专门支付军事这笔钱的，与税不一样。总而言之，鲁国又要扩大财政收入。

执政者搞这样的"财政改革",有各种各样的理由,而且冠冕堂皇。不过,在鲁国,有个大臣叫孟献子,执政比季康子要早几辈,是孟氏家族的,他说过一句很著名的话:"与其有聚敛之臣,宁有盗臣。"意思是说国家宁愿有贪污犯,也不要有聚敛之臣。什么意思?国家出几个贪污犯不算大问题,贪污犯是错的,老百姓恨他,但贪污犯伤害老百姓有一定的限制;若是出了"聚敛之臣",一个搜刮民脂民膏的政策颁布下去,全国的民众都要增加负担,都要倒霉。对国家的危害,比几个贪污犯大多了!这话是贤者之言,所以被儒家写到《大学》里。

季康子想增加当权者阶层的收入,这事要做得好看,有更大的合理性,最好是访一访国老,让孔子这样有声望的人同意,可就上上大吉了!所以孔子刚回到鲁国,季康子就打发冉有来就增加税收的事征求孔子的意见。《左传·哀公十一年》记载说:"季孙欲以田赋,使冉有访诸仲尼。仲尼曰:'丘不识也。'三发,卒曰:'子为国老,待子而行,若之何子之不言也?'仲尼不对。"季氏要增加百姓的负担,扩充军费,满心想让孔子赞成。季氏心想:你孔子周游十四年,我让你回来,还给你大夫一样的身份,把你当国老敬奉着,对你这么好,我这儿想敛点儿财,你还不拍巴掌赞同吗?所以季康子派冉有来问。令他们没想到的是,孔子对此,就一句话:"丘不识也。"我孔丘不懂。之后一言不发,只是两眼瞅着冉有,实际是瞪着他,心里有气。冉有沉不住气,近乎哀求地对孔子说:"您是国老,都等着听您一句话再行动,您怎么不说话呢?"孔子还是一言不发。

冉有代表季氏来问意见,这是公事。孔子只是瞪着冉有看,不说话。公事传达完了,按礼法,就该是私下之间的见面谈话,即古称的"私觌"了。冉有就以学生的身份问老师对"田赋"的意见。《国语·鲁语》对此也有记载,这时孔子才说:"求,来!女不闻乎?(冉有,你过来,你没有听说过吗?)先王制土,籍田以力,而砥其远迩;赋里以入,而量其有无;任力以夫,而议其老幼。于是乎有鳏寡孤疾,有军旅之出则征之,无则已。其岁,收田一井,出稯禾、秉刍、缶米,不是过也。先王以为足。若子季孙欲其法也,则有周公之籍矣;若欲犯法,则苟而赋,又何访焉!"(《国语·鲁语下》)

孔子说,过去周家的先王经营土地,是借助百姓的力气耕种贵族家的田地,只出力,不出租税,而且,还要根据距离的远近决定出力的多少。那时候国家也养军队,但养军队的钱是根据人口情况来征收的,不是以田产为根据的。同时还要考虑到每一家的经济状况,富裕的多出,穷困的少出。征用劳役也要考虑到人的老幼。这样的话,那些鳏寡孤独有病的弱者,只缴纳很少的钱,每一年的税收也不过出一定量的禾秆、草把和米粮而已。在先王,这就足够开销了。现在他季孙氏要想遵循先王法度,周公当时制定的文献典章不是都还在吗?要是他不怕犯罪,铁了心要打破先王法度，那他愿意征田赋就征，还问我干什么！干不法的勾当，还要叫上别人给你吹喇叭、抬轿子，何必呢！孔子眼里揉不下沙子，说话不留缝子。经历十四年漂泊后依然如此，这真是出乎冉有和季康子之流的意料！

孔子在这件事上不妥协，就是顶天立地的大英雄、真豪杰！古代农业社会，农民一年的收成就那么多。政府下手狠点儿，老百姓受穷就多一点儿。在这点上，儒家自孔子开始，就坚决反对无端地向民众多征赋税，这成为儒家经济观念的重要内涵。此后两千多年，秉持这种观念的人都是有良心的人，这一观念成为后世儒生、士大夫乃至文学家反抗横征暴敛的精神原则。

汉武帝打匈奴，打着打着，国库空了。怎么办？他就想让富人们摊派，富人们不愿意出钱，有人就给皇帝出馊主意，让他们相互告发，弄得社会乌烟瘴气，乱七八糟。汉武帝死后，霍光秉政，召开"盐铁"会议，儒生站出来谴责汉武帝的行为，有助于汉武帝政策的终止。在中国历史上，用儒家这条原则反对横征暴敛，抗议暴政，绝非这一次，而是很多次。增加赋税有几回不是出于统治者的私欲？古代的王朝，钱多了好干些什么？不是用在面子上的制礼作乐，就是大兴土木，建楼堂馆所，要不就是穷兵黩武。投到公共基础设施建设的，不能说没有，但少得可怜！所以，从孔子开始的儒家经济观念，即节俭开支、少向民众伸手的思想，是很值得重视的。

孔子的高足有若也说过这种话。《论语·颜渊》篇："哀公问于有若曰：'年饥，用不足，如之何？'有若对曰：'盍彻乎？'曰：'二，吾犹不足，如之何其彻？'对曰：'百姓足，君孰与不足？百姓不足，君孰与足？'"鲁哀公说今年闹灾荒，我的府库财政用度不足，怎么办？有若就说，为什么不采用十分税一的做法呢？鲁哀公苦笑说，我现在已经抽到十分之二了，还不够呢，怎么让我十分税一呢？有若就说，老百姓足，你君主才足，老百姓都穷了，国家最终还是穷。

有若的观点来自孔子，概括地说就是"藏富于民"。这涉及一个问题，人们常说"大河有水小河满，大河无水小河干"。那么，一定要问一问，谁是"大河"，谁是"小河"。民富才是"大河"，是一个民族的希望。历史上的例子，如英国，一个老牌殖民国家，谓之日不落，研究它崛起的历史，就是民富，民富了以后税收宽、税源宽，民富了以后产业发展快，投资也快，社会迅速向前发展。反过来，古代王朝的政府一般很有钱，也很奢侈，但老百姓普遍穷困。普遍穷困的结果是什么？老百姓一穷，就要节省过日子，市场上的商品卖不出去，工商业就没法发展。

中国古代自秦汉以后，也有大商人，可是这些商人想要发展，怎么办呢？就是卖盐铁，卖国家控制的这些资产，从政府那里得到特许，经营这些"国榷"之物。另外，就是伙同政府一块儿盘剥欺负老百姓。明清时期，国家向民众征粮，往往不要粮食，而是要折合的银子。结果导致农民粮食生产越多，粮价越低，要出更多的粮食，才能折合成政府要的银子数量。这时候，以低廉价格大量收购农民粮食的就是这些商人，他们大肆囤积，等到青黄不接时再高价卖给缺粮的农民。政府一边压榨农民，商人就在另一边贱买贵卖，两方合伙，就使得占人口绝大多数的农民处于赤贫。长远的结果，是全社会消费严重乏力，最后，农业、工商业都得不到发展。商人没办法，只能卖奢侈品，卖盐，社会产业结构继续畸形发展。长期地看，让民众手里多点儿钱，要比政府官员手里多点儿钱好。

哪个是"大河"，哪个是"小河"？民富才是真富，民富才是"大河"。查看两千多年的政治思想，基本上没有"富民论"，大多是"富国强兵"。最后呢，国也不富，兵也没强，老百姓更是普遍贫困得要命！想想这些问题，孔子下面的话就弥足珍贵了："君子之行也，度于礼；施，取其厚；事，举其中；敛，从其薄。"（《左传·哀公十一年》）君子真正有德行的政治，是什么？向民众派发红利的时候要厚、要多点儿，做事要取一个适度的中庸之道，需要征税收的时候要以少征为原则。

但是这一次碰撞，孔子还是失败了，到了第二年，《左传·哀公十二年》里明确记载："用田赋。"孔子跟冉有说的一点儿用也没有。

孔子晚年回国，眼看着这样一些老贵族的执政者做这样的事，心情肯定好不到哪儿去。有一次子贡问："今之从政者何如？"现在这帮从政者怎么样？孔子说："噫！斗筲之人，何足算也？"(《论语·子路》)这帮人的政治器量，一斗一桶而已，不值一提。孔子这一辈子，净跟这样一些老贵族打交道了，一个"噫"字，表达的是，他看这些人是何等恶心！

坚守礼法：反对弑君自立

陈成子弑简公。孔子沐浴而朝，告于哀公曰："陈恒弑其君，请讨之。"公曰："告夫三子。"孔子曰："以吾从大夫之后，不敢不告也。君曰告夫三子者。"之三子告，不可。孔子曰："以吾从大夫之后，不敢不告也。"

——《论语·宪问》

季氏要伐颛臾，做事之前，派子路和冉有去征求孔子的意见。颛臾是鲁国东部蒙山下的一个小国，是上古东夷部落建立的一个古国，也是鲁国的附庸。过去鲁国人要祭祀蒙山，颛臾人就为鲁国人尽地主之谊，接待鲁国人，提供落脚地。季氏却因为颛臾离自己的封地费邑太近，就想灭掉它。

孔子有一个观点是"兴灭国,继绝世",灭了的国家应该让它再兴起来,断了的世系应该让它再连起来。人人都有宗族,都愿意一直往下传,任何家族都不希望断了香火。但是,有些人只顾自己,不管别人。春秋时期大国兼并小国,专干把人家邦国、世系弄灭弄断了的事。孔子认为这是不对的,"己所不欲,勿施于人",所以他要"兴灭国,继绝世"。现在,季氏要伐灭颛臾,冉有和子路都在给季氏做家臣,被季氏派来问孔子。结果,孔子狠狠地骂了冉有和子路一顿,还让他们俩回去提醒季氏家族,说你们去打吧!我担心季氏家族的真正忧患,不在颛臾,而在萧墙之内。你季氏光想着灭掉他人,从不想还有势力正盯着你们,找你们的空隙呢。

萧墙之内的忧患,有人说指的是鲁哀公,是鲁哀公要收拾季氏家族。也许吧。经孔子这样一说,好像伐颛臾的事就作罢了。就是说,可能这次孔子的意见起了点儿作用。因为没有文献记载季氏伐颛臾。到底伐没伐颛臾,文献看不到,看不到不一定没发生。只是有学者据没有文献记载这一点推测,认为孔子的话对季氏产生了影响。当然,这只是推测而已。

孔子周游列国的时候,有人给他起外号,叫他"知其不可而为之者"(《论语·宪问》)。用今天的话翻译,就是"向不可能挑战的人"。返回鲁国后,孔子还真做了一件"知其不可而为之"的事。事情发生在鲁哀公十四年(前481年),齐国的大夫陈恒杀掉他的君主齐简公。齐国，姜太公建立的国家，传到春秋末年的时候，传不下去了，被陈氏家族夺了权。孔子得知此事后，反应强烈。《论语·宪问》记载："陈成子弑简公。孔子沐浴而朝，告于哀公曰：'陈恒弑其君，请讨之。'公曰：'告夫三子。'孔子曰：'以吾从大夫之后，不敢不告也。君曰告夫三子者。'之三子告，不可。孔子曰：'以吾从大夫之后，不敢不告也。'"

按照周代礼法，弑君者，是所谓乱臣贼子，人人得而诛之。孔子坚持礼法。陈恒就是齐国的弑君者。他的家族是春秋早期从陈国迁到齐国的，两百来年后却开始篡权。孔子知道鲁哀公管不了这种事，能管这件事的"三桓"当然也不会管，以他们的本心，还恨不得弑君自立呢！但是，孔子明知道如此，还是要沐浴而朝，这是在尽一个大夫的职责，是在坚守礼法。按照西周封建的列国关系准则，邻国发生违背礼法的事，其他国家有责任去纠正它。礼法放在那里，既然没有经过合法程序宣布废除它，就应该在需要的时候高举它，起码可以表示一下自己的是非观，表示人心还没有死绝。

现代人读到这件事情，一定觉得孔子真迂啊，明知碰壁，还要去做。请注意，孔子这样"知其不可而为之"，正是其精神的可贵之处。现代人读史，最差劲的表现是顺着一种所谓进步史观来看过去，以为后来的一定好于以前的，陷于肤浅而不自知。

以陈氏篡齐而言，孔子就不如一般历史教科书上说的那样"进步"。这需要简单说一说陈氏是怎么上台的，上台以后又是如何对待百姓的。姜太公的后裔齐景公在位时间很长，有五十多年。他在位时，晏子说过，在齐国卖鞋的都失业了，而卖假肢的赚钱！这话把齐景公治理下的黑暗很好地表现出来了。很多人都被砍了脚，不穿鞋而改用假肢，反映出当时的政治是多么残暴！就在这时候，陈氏家族开始收买人心，拉拢老百姓。他们向老百姓放债的时候，用大斗，收债的时候，却用小斗；山货在山上什么价格，卖给老百姓还什么价格；海货在海边什么价格，卖给老百姓还是什么价格。一时间，大家都认为陈氏好。

其实，他们大斗出小斗入，不过是收买人心。后来陈氏杀姜姓君主，得了好处的老百姓不作声，还跟从他们，不知不觉就被野心家骗了。何以这样说？孔子在世的时候，陈氏大斗出小斗入，可是等到孟子到齐国，看到的却是"老赢转于沟壑，壮者散而之四方者，几千人矣"（《孟子·公孙丑下》）。请问，陈氏家当年大斗出小斗入的精神哪儿去了？这就是野心家。

有些人说陈氏是新兴地主阶级，上台实行新政治，对历史发展有好处云云，这种看法完全错了！野心家一旦得了势、上了台，翻过脸来就收拾老百姓。谁家的辣椒水都一个味，对百姓，都是用人朝前，不用人朝后。新上台的野心家，对待百姓，不比老贵族好一点儿。

孔子谈历史，不言革命，只言损益，或许就是因为看透了一点：革了别人的命，上了台的新贵，到头来，照样给小百姓灌辣椒水儿！不择手段上了台，就可以为了不下台而不择手段。孔子坚持礼法，真是迂腐吗？

第九章

「仁者，人也」：「仁」的真义

第九章 "仁者，人也"："仁"的真义

有一个疑问应该给出回答，那就是为什么孔子周游列国到处碰壁？为什么他晚年回到鲁国仍然那样不知妥协？

一般而言，孔子到哪一个国家，一开始都受欢迎。如到卫国，卫灵公欢迎他，仪封人也想见他，连南子也要见他。可是，孔子真正坐下来和他们谈一谈，却始终谈不拢，即使是和那些所谓的贤人，也是如此。所以，孔子席不暇暖，马上就得离开另寻出路。

这究竟是为什么？有些原因前面谈到了，但那都是浅层次的。细读《论语》，深层次的原因可一言以蔽之：孔子"仁"的原则和精神，不能见容于当世。孔子之所以到处碰壁而不气馁，始终发愤忘食，乐以忘忧，绝不妥协，就在于他对"仁"的精神原则"守死善道"。

他人也是人：仁的核心

子曰："仁者，人也，亲亲为大；义者，宜也，尊贤为大。"

——《礼记·中庸》

了解世界上任何一个思想家，都有一个基本的门径，就是顺着他的眼光去看他面对的问题，弄清横在他心中的重要问题是什么。例如看孟子，孟子面对的最大问题是什么？就是战国时期兼并战争杀人太多，同时饿死的人也太多。战国时期各国的统治者把国家大部分钱财都用于军费开支，整天打仗，老百姓的温饱很难解决。所以，他要提出为民制产，提出"仁政"，希望给民众点儿产业，让他们活命。

那么孔子呢？横在他心中的最大问题是什么呢？孔子讲"仁"，从没有讲过"仁政"，也从来不"仁""义"并称，孔子只讲"仁"。"仁"是什么？有一句话，儒家经常说，叫"仁者，人也"。听起来同语反复，像废话，实则不然。这个"仁者，人也"的"人"，就是"人家"，就是他人。"仁者，人也"翻译一下就是：他人也是人！

只有把"他人"当成你自己一样的人，才有"仁者爱人"；

才能"己所不欲,勿施于人"。我是人,别人也是人,而且是一样的人。我们是同类,既然是同类,就有共同的好恶。《论语·里仁》篇说:"富与贵,是人之所欲也……贫与贱,是人之所恶也。"人有共同的好恶,是同类,不是同类就不一样。庄子就说过这个事情,人睡到潮湿的地方腰疼,可是鱼,还有一些虫子,就喜欢在湿的地方睡觉。

"仁者,人也"的含义是"他人也是人"。那么,就要问:谁是"他人"?爹妈是他人吗?不是。兄弟是他人吗?也不是。再往外推,邻里是他人吗?不是。朋友是他人吗?也不是。那么,究竟"他人"是什么人?最后的回答是跟我不相干的人。儒家说,"他人"也是"人"。如此,"仁者,人也"的"仁道"精神,考验的不是你怎么对待父母,怎么对待朋友,怎么对待乡亲,怎么对待你认识的人,而是你如何对待与你不相识的人、与你无关的人。

在家里都知道有座让爹妈坐,给长者坐,在乡亲面前也知道给需要的人坐,唯独对不认识的人就不知道让座了,不认识的人便不是人了?现在有的人去医院看病,到学校办事,到哪儿也好,都得千方百计托个人,把不认识的人转变成认识的人。只要认识了,哪怕刚认识,便可以算是自己人了。这恰恰与"他人也是人"的精神相背离。费孝通先生在他的《乡土中国》里把这种只有认识的人是人,不认识的就不是人的状况,称为"差序格局"。

可是儒家的"仁者，人也"，其实是强调把他人当自己一样的人来对待的。"仁者，人也"，是一个质朴的真理，与基督教说的"爱人如己"并无二致。不同的是，西方多了一个上帝，而儒家、孔子却只是从"己"开始，讲"己所不欲，勿施于人"，你自己不愿意接受的东西，就不要推给别人。

然而，这里也得补充一点：儒家的"他人也是人"，讲究的是由内向外推。一个人所以爱他人，像对自己人一样对待不相干的人，如此培养出来的情感，是有根源的。这根源就在父母之爱、兄弟之情。换句话说，人从一出生就生活在家庭之中，先培养的是父母兄弟人伦之情，先是近乎天然地爱父母，爱兄弟，有了这样的根源，然后将这样的情感向外推，再去爱邻里、朋友及一切他人。用孟子的话说，就是"老吾老，以及人之老；幼吾幼，以及人之幼"（《孟子·梁惠王上》）。这就是由内而外地推广，父母兄弟之情的培养是根本。中国古代的墨家和基督教讲"兼爱""博爱"，与儒家"仁爱"的区别就在于他们不讲这个根源。所以，按儒家的逻辑，一个人不爱自己的父母兄弟，他对别人的爱，就值得怀疑。

《管子》中有这样一个故事。齐桓公对管仲说："易牙太爱我了，听说我没吃过人肉，就把自己的儿子蒸熟了给我吃，真是爱我！"管仲却说："他连自己的儿子、亲骨肉都不爱，他还能爱谁

第九章 │ "仁者，人也"："仁"的真义

呢？他蒸儿子给你吃，不过是想亲近你，想得到什么好处罢了。这样的人才可怕呢！"故事虽见于《管子》，道理却与儒家的无两样。

不过，以上所讲，是孔子提出"仁"道的本意吗？不是。请注意，孔子提出"仁"道，不是为所有的人立法，而是为在位者、周贵族、手里有权有势的君子们立法。孔子的真精神，也在这里表现得最突出。

这就是孔子面临的问题。他面对的是一帮老贵族，从西周传下来的老贵族，他们的家族享有五六百年的富贵了。这些人面儿上的礼仪很多，但礼乐在他们不过是整天演奏，敲钟击鼓，还有交换礼品，都是面子上的事，缺点儿精神。缺什么精神？"仁"的精神。他们"人而不仁"，心里只有自己家，没有别人。"礼云礼云，玉帛云乎哉？乐云乐云，钟鼓云乎哉？"（《论语·阳货》）在孔子看来，礼乐，也就是西周文化，本身没有问题。"周监于二代，郁郁乎文哉，吾从周"（《论语·八佾》），周文化是吸收改造夏商两代文化而建构的一套文化系统，孔子是殷商后裔，可是在文化上他"从周"。孔子一辈子的努力，就是想在精神上给那些老贵族打一剂强心针，他想把"仁"的活水重新引入到那条干涸的河道中，使其恢复生机与活力。

这就是孔子一生不得志、到处碰壁的根本原因。孔子周游列国，他是去找那些在位者、老贵族，是想改造他们的道德状况，

从而改善已经变得十分糟糕的社会。但是，他的作为恰恰是与虎谋皮。试图说服老贵族行仁道，其实是白耽误工夫！但是，《史记·孔子世家》中颜回说得好："不容何病，不容然后见君子！"列国的君主、贵族们不容孔子之道，并不表示"仁"道是错的。

孔子为了"仁"道的理想，始终坚持，不能容于天下，也在所不惜。了解这一点，一方面是把握了孔子学术的命门，同时，也可以深切理解一个非凡的人格。这就是给康德、黑格尔写过传记的古留加说的：哲学家生活中的那些最激动人心的事件就是他的思想。孔子的一生对"仁"道理想的追求与坚持，不因到处碰壁而气馁，就是他大人格、大生命的激动人心之处。

博施于民而周济大众：仁的方向

子贡曰："管仲非仁者与？桓公杀公子纠，不能死，又相之。"子曰："管仲相桓公，霸诸侯，一匡天下，民到于今受其赐。微管仲，吾其被发左衽矣。岂若匹夫匹妇之为谅也，自经于沟渎而莫之知也。"

——《论语·宪问》

《论语》中有一百多处讲到"仁"。那么"仁"的含义是什么？有人说，"仁"是真性情；有人说，"仁"是内在品德；有人说，"仁"是一种内在力量和自我认识，是造就人的整合过程；等等。说来说去，"仁"干脆就是一条泥鳅——手碰得到，却抓不着！于是更有人感叹：《论语》中的"仁"充满悖论，复杂得使人灰心丧气。

上述有些说法太随意，如果"仁"是真性情，"勇"难道就不是真性情？"仁"果真如水中月、镜中花，是不可凑泊、把捉的吗？当然不是。"仁者，人也"不是关于"仁"的概念内涵的界定吗？是的。但是，如前所说，"仁者，人也"的命题还有它的外延，即施用范围的问题，以及孔子立意针对的时代问题。

不少人相信，"仁"在孔子这儿没定义。果然如此吗？《论语》说到的"仁"，有些的确不能看作定义，如司马牛问"仁"，孔子就说："仁者，其言也讱。"即仁者就是说话难的人。这样的答案司马牛当然不信，就反问："其言也讱，斯谓之仁已乎？"司马牛的意思是，说话难就是仁啊？那说话结巴的人岂不天生就"仁"了？孔子又说："为之难，言之得无讱乎？"（《论语·颜渊》）做起来难，说起来能容易吗？孔子这样说等于说而不说。言外之意很明确，"仁"是一个实践上的事情，你水准还不够，先不告诉你。

对司马牛如此，可是对颜回，对孔子许为"可使南面"的仲弓，孔子在说"仁"时，差不多就是在下定义了。颜回问仁，孔子怎么回答？孔子说："克己复礼为仁，一日克己复礼，天下归仁焉。"（《论语·颜渊》）"克己复礼"，克制自己恢复到礼法的要求上去。那么，我们身上的这个"己"是什么呢？当然是私欲！有人闯红灯，不就是图个快吗？克制住这一点儿私欲，红灯结束再过马路，不就守住了规则，守住了礼法吗？作为一个社会人，手不能瞎伸、瞎摸，要遵守礼法。克制自己的欲望，就能成为一个合格的社会人。"克己复礼为仁"，首先要克制自己的私欲，这是成为一个仁者的前提。

然而，还要注意下面这句话："一日克己复礼，天下归仁焉。"这话就很不好理解了。颜回一个穷小子，穷得没办法，"一箪食，一瓢饮，在陋巷"，他是吃粗粮，喝冷水，住陋巷的穷士，他怎么"一日克己复礼"就使得"天下归仁"呢？就是在今天，可以对他"克己复礼"进行全天候转播，还有个收视率的问题，也难有"天下归仁"的作用啊！

请注意，当孔子说到"一日克己"时，他所指的已经不是作为贫苦个人的颜回了，话语已经转向了虚拟的情景，就是指将来颜回一旦成为一个人群、一个单位的领导以后，就可以影响到他所管辖的范围，使"天下归仁"了。做好人固然需要"仁者，人也""克己复礼"，但是，孔子说"仁"绝不仅仅是或者说不首先是为了使普通人做好人。他对颜回说"一日克己复礼,天下归仁焉",指的是颜回有一天成为一个政治家后的行为。也只有落到一个政治家身上,他"一日克己复礼",天下人才会都跟着他走,都归于"仁"。这也是讲"君子之德风"的道理啊。

还有仲弓,孔门四科"德行"科中,除了颜渊,排第二的就是仲弓。仲弓问"仁",孔子说:"出门如见大宾,使民如承大祭。"(《论语·颜渊》)第一句,出门恭恭敬敬像见尊贵宾客,好理解,是说做人要恭敬。第二句说使用、调动老百姓干事,要如同办祭祀一般小心。诸位,如果"仁"只是个人修养的问题,哪来的"使民"问题!与对颜渊说的一样,这里也是在说政治家应该有的品质。

说到这里,就可以准确理解《论语·宪问》中那句"君子而不仁者有矣夫,未有小人而仁者也"的话了。大意是,"君子"之中有"不仁"的吧,但从未见过"小人"之中有可以行"仁"道的。理解这两句,难处在"君子"有时指"在位者",有时指"有德者",而"小人"有时指"不在位者",有时指"缺德者"。结合这两句话,从总体考虑,这里的"君子"和"小人"都是就在位与否而言的。因此整句话的意思就清楚了:现在,有权力的君子(统治者)变得不仁了,从来也没见过无权无位的小民可以行仁道。孔子这样说,实际是把"仁"与普通民众切割开了。也就是说,孔子提出"仁"道,首先不是为普通民众立法,而是针对"君子而不仁者"。"仁",指向的是政治统治阶层的德行。

孔子在谈论历史人物时也表明了这一点。在《论语》中,孔子与学生讨论历史的内容不少。其中子路、子贡都问过孔子对管仲如何评价。《论语》数次说到管仲,如在《论语·八佾》中,孔子曾明确否定过管仲,说他"不知礼""不节俭",奢华且僭越。看这样的评论,似乎管仲在孔子眼中真可谓小药铺——没人身(参),太寒碜了!

可是在《论语·宪问》中,子贡和子路都有这样的话,说管仲不是仁者吧?他原来伺候的主子是公子纠,公子纠与齐桓公小白争权,管仲和召忽辅佐着公子纠。结果,小白上台了,公子纠被杀了,召忽殉节了,可管仲一转身就去伺候小白了,这不是没人格吗?子贡和子路都认为管仲这样做,不合仁者的做派。这是从个人德行来评价管仲。孔子的看法则大不同。他说:你们不能这么想问题,管仲辅佐齐桓公"九合诸侯,不以兵车",还说"微管仲,吾其被发左衽矣"。孔子说,假如没有管仲,没有他辅佐齐桓公抗击戎狄的入侵,我们这些人今天就得梳着戎狄的发式,穿着戎狄的服装,变成蛮夷了。言外之意很明确,管仲的功业是辅佐齐桓公捍卫了中原文明,捍卫了文明的生活方式。孔子接着说:你们讲的那些道德,主子死就殉节,是匹夫、匹妇的道德,"自经于沟渎而莫之知也",自己上吊、投河死了,还不知道怎么死的呢!管仲虽然个人德行有些瑕疵,但是他做成了很大的事业,捍卫了中原文明。孔子说,这样的人,还是"如其仁,如其仁"!大致还是给了他一个"仁者"的评价。

《论语》中,除了尧舜禹、周公等人,孔子认为"如其仁",只有管仲。"如"字用得很有分寸,孔子的意思大概是,如果管仲个人修养再好点儿,那就太好了。管仲虽然个人修养差点儿,但是也做出了一番有利于民的功绩,因此也算得上一个仁者。也就是说,一个全部达标的仁者,不但要有好的品质,克制欲望,还要有功。

有人问孔子,一个人克、伐、怨、欲四种坏品格都没有了,就是好胜、自夸、怨恨、贪心等都能克制,是不是一个仁者?孔子说,他是个难能可贵的人,"可以为难矣,仁则吾不知也"(《论语·宪问》)。一个人主观品质修养得不错,难能可贵,但他是不是仁者,我不知道。说不知道,其实是否定这样一点:有好的品格与仁者之间不能画等号。又有人问孔子,说楚国的令尹子文"三仕为令尹,无喜色;三已之,无愠色。旧令尹之政,必以告新令尹。何如?"子曰:"忠矣。"曰:"仁矣乎?"曰:"未知,焉得仁?"(《论语·公冶长》)楚国的子文三次出任令尹,没有得意之色,三次被罢免,无恼怒之色,去位时,总是把以前实行的政令条文等,全部移交给新令尹。能这样做,怎么样?孔子说:

是个忠臣该有的表现。人问：是个仁者吗？孔子说：不知道。接着又反问：怎么算是个仁者呢？孔子之所以不认为令尹子文是一个仁者，是因为他的作为只是个合格的大臣，合格的宰相，即做到了"事君以忠"。相比之下，管仲不单是合格的宰相，还做出了高于宰相的事，那就是辅佐齐桓公匡扶天下，捍卫了中原文明，做出了高于职分的事情，这才够得上仁者的范儿。

所以，做个仁者很难，单有个人修养还不够。可要做仁者，最好还是先从个人修养做起，从克制欲望开始。看《论语》，一会儿说为仁很难，一会儿又说很容易。"仁远乎哉？我欲仁，斯仁至矣。"（《论语·述而》）仁离我们很远吗？不远。我要仁，仁就来了。请注意，这里实际讲的是做一个仁者的最低限度，即克制欲望，克己复礼。在《论语》最后一篇《尧曰》里，孔子说："欲仁而得仁，又焉贪？"就是"仁而不贪"，你要想做个仁者，首先要把贪心收敛起来，如此，你就走上了仁者之路。这就是"我欲仁，斯仁至矣"。但是你能在仁者之路上走多远，干出多大成绩，能否成就一番事业，那可就要看造化了！

有人问，子路是不是个仁者啊？孔子说，子路这个人啊，有一千辆战车的国家（就是相当大的一个国家），让他去收军赋，他能做得很漂亮，至于说他将来能不能干出仁者的成就，我不知道。子路这个人爽快，办事讲信用。在古代，收赋税是很难的事情，谁愿意主动缴税呢。子路却能把这样的难事做得很漂亮，他有这方面的才能。但是，他是不是个仁者，就不知道了。

每个人在日常工作生活中，都有某一方面的能力，能不能超过一般界限，做出对民族、对国家有益处的大事，这就难说了。这不是主观愿望就可以决定的。俗话说，人人都有帝王相，地少人多没赶上。人人也都可以成为仁者，但有没有机遇，就看造化了。从功业上说，管仲做到了，可他个人修养没到火候，所以只是个"如其仁"。

以上翻来覆去地讲"仁"，"仁"是什么呢？一个政治家，最低的品德标准，是要先免除贪心，不能贪污；高级的标准是能够做出一番利国利民的事业，多少年后人们仍感念你的功劳。可是，孔子说，真正能博施于民而周济大众的事业，连尧舜那样的圣贤君主都没有做得很好。所以，做一个仁者很难！

我们可以拿孔子这个标准去衡量一些古人。《史记》记载了许多宰相，一朝一朝的宰相，司马迁都把他们列到《表》里边去了。主要记载的是，哪年哪月谁在哪儿任职做官，这些人往往是好事没做，坏事也没做。拿这样的人怎么办？司马迁高明，统统放到《表》里去，把名字列在那里。但是，其中有些人是做了好事情的，司马迁就给他立一个传记，传扬他的事迹。不是你当大官，就可以给你立传。如果你只是平平庸庸做大官，工资没少拿，富贵没少享，镜头没少露，飘飘摇摇几年过去了，好事没做，坏事也没干，其实就相当于干了坏事。这与那些《酷吏列传》《佞幸列传》里的人差不了多远。只享富贵荣华，不干事，这不是做坏事吗？这就是尸位素餐，是怠政、懒政、庸政。被列到《表》里的很多达官贵人，都是这样一些人。

孔子高扬"仁"道，首先是在为当时精神堕落的老贵族立法，想以"仁"道给那些手里有权却只顾自己在位的"君子"之流，打强心剂。因此，孔子到一个地方，一开始老贵族欢迎他，没多久就不喜欢他，个中原因不就很清楚了吗？

但是，我们看到，周游列国十四年的碰壁经历，并未让孔子在坚持理想方面有任何的松懈，回到鲁国以后，他依然坚守"仁"的主张，激烈地抨击鲁国的恶政、坏政，这可不是有凡俗之性的人能做到的啊。只有准确理解孔子的"仁"，才能深刻地理解他这个人！孔子说过，"岁寒，然后知松柏之后凋也"（《论语·子罕》），这里未尝不可以说，知"仁"，然后知孔子之如松柏之后凋也！

忠恕之道：与人性的狭隘作斗争

子贡问曰："有一言而可以终身行之者乎？"子曰："其恕乎！己所不欲，勿施于人。"

——《论语·卫灵公》

孔子谈"仁",其本意针对老贵族,即在位的"君子"们,而不是教导所有人。但是,"仁"的精神,在孔子身后的确被普世化了。这也不错,因为"仁"道,也的确有通行世界的价值。另外,在孔子的思想言论中,又的确有大量的内容教人如何做一个好的社会成员。这些内容,实际也是本于他的"仁"道的。这方面的内容很多,在此只谈一谈孔子的"忠恕",特别是"恕"道思想。

关于"恕",《论语》所记,一共有两次。第一次是:"子曰:'参乎!吾道一以贯之。'曾子曰:'唯。'子出,门人问曰:'何谓也?'曾子曰:'夫子之道,忠恕而已矣!'"(《论语·里仁》)孔子说自己有一个一以贯之的为人之道,曾子就说是"忠恕"两字。第二次是:"子贡问曰:'有一言而可以终身行之者乎?'子曰:'其恕乎!己所不欲,勿施于人。'"(《论语·卫灵公》)曾子得出"忠恕"两字,子贡却问出了一个"恕"字,而且孔子还说到了"己所不欲,勿施于人"。表明,"恕"的重要性在于它是"仁"的精神在做人上的体现。

那么,什么是"忠恕"呢?简单说,"忠"就是忠诚,曾子说:"为人谋而不忠乎?"(《论语·学而》)为他人谋事,做事尽心竭力,就是忠。"恕"是什么呢?"恕"就是能原谅别人,特别是在别人做了对不起你的事情后,能替别人想想,替别人找一找理由。一般说,做人忠诚,较容易做到。给别人办事想主意,尽心尽力，也能得到别人的感谢赞美。相对而言，"恕"就难了。原谅别人，替别人想想理由，说起来容易，做起来难。

举一个生活中的例子，当一个熟人从对面走过来，没有理你，想一想，你的第一念头是什么？肯定是些不好的念头：怎么？我得罪他了？他瞧不起我了？总之，是这类念头，心里七上八下，嘀嘀咕咕。这时最能考验你是不是真正理解了"己所不欲，勿施于人"。反问一下，你愿意平白无故地得罪一个人吗？不愿意。可是当对面的熟人没有理你的时候，你却把"己所不欲"专"施于人"了。平日常说，视而不见，熟视无睹。生活中常常有各种各样的原因，让一个人走在路上，对对面的人视而不见。在家里跟老婆闹了别扭，在单位工作上又出了问题，等等，都可以使人在走路时胡思乱想，看不见别人。这时候，他是无心之过，需要的是被原谅、体谅。你不是这样，好，这回他不理我，我下回见了他也不理他。这样，其实你就陷入有心之过了。托人办事也是如此，你自己是个讲忠道的人，结果有一次你托别人办事，别人没办成，你能不能替他找一找理由？办事难，成与不成，都有客观限制。谁都有办不成的事，怎么就不能原谅一下别人呢？

说起来，恕道是内心宽和之道，是跟自己的第一念头，也就是类似本能的狭隘心理作斗争，这就是修养。忠道易行，恕道难为。唯其难，所以才见修养之功。社会的人际关系和谐，特别需要恕道。请注意，恕道原则的适用是有范围的，我们对待侵略者的进犯就不能讲恕道。办法只有一个，就是将他们打回去！

正常的社会生活，是要讲恕道的。而且，对于个人的身心幸福而言，恕道不仅关系到外在社会的和谐，甚至还关系到"德福一致"的大问题。

德福一致的问题是一个哲学的难题。康德就说过，未来应该要打造一个哲学原型，以保证那些有德的人一定有福。可照西方哲学的思路，这个哲学原型至今也建立不起来。生活中德福不一致的事太多了。照西方的标准，德福一致只能上帝保证。可上帝又在哪儿？但是，孔子的恕道原则，就可以达到"德"和"福"的一致。俗话说，生气是拿别人的错误惩罚自己。更糟糕的是，别人实际上没故意犯错误，你把别人的无心之过当成了有心的，并因此而不能释怀，使劲惩罚自己。面对生活中的岔子，始终用一种狭隘的心理去处置，以致生活的质量很差，整天跟受气包似的。恕道则不然，能原谅别人，实际最终成全的是自己。内心宽和，才能体谅别人。因此，和谐的人际关系的建立，其实是内心的事情。

然而，恕道也很难做到。不恕是人性的一个弱点，所以需要提升修养，开阔心胸。读《论语》，这一条最重要。让恕道的原则进入内心，成为习惯，很有利于个人的身心健康！所以说，读《论语》应该要早点儿。"少习若天成"，据说这话也是孔子讲的。

小时候就接触忠恕之道，让这一原则变成习惯，变成无意识的行为，也就是成为一种习得的修养，日后就会少一些七七八八的无聊事。

孔子一生，坚持理想，也没少跟人发生冲突，但是，他的本于仁的忠恕之道，又使他没有变成一个性情古怪、与世格格不入的人。他的"温良恭俭让"，就在于他有一以贯之的忠恕之道！

第十章

『人能弘道，非道弘人』：孔子的人文主张

周游列国后回到鲁国的孔子,还做了一件非常重要的事情,就是整理文献,以传承中国文化。

　　中国文化发展到孔子那个时代已经数千年了。今天可以看到的最早有文字记载的文献是殷商时期的甲骨文,之后的西周礼乐文明时期,更有《诗经》《尚书》《易经》等各种文献出现,此外还有不成文的礼俗等,文化的累积已经十分雄厚。进入春秋,随着老贵族的没落,这些文明的遗产面临散佚的危险,是孔子率先站出来,对前代文明成果加以整理,使其在未来得以广泛流传,并对文化发展施以全局性的影响。孔子从年轻时期就注意文献整理这方面的事情,到晚年更是倾注了主要精力和热忱从事这项伟大的工作。

适度损益：孔子的文化观

子曰："殷因于夏礼，所损益，可知也；周因于殷礼，所损益，可知也。其或继周者，虽百世，可知也。"

——《论语·为政》

现在可以看到的中国最早的文化典籍，有所谓"五经""六经""七经""九经""十一经""十三经"，乃至"十四经""二十一经"等说法。但一开始只有"六经"，即《易》《诗》《书》《礼》《乐》《春秋》。这六经中出现最晚的是《春秋》。前"五经"含西周时期的历史文化内容；《春秋》，顾名思义，记录的是春秋时期的历史，而且是因为人们相信它经过孔子笔削，才有资格成为经典。"六经"中的《乐》，因古代条件所限，失传了，所以只有"五经"。后来之所以有"七经""九经""十三经"乃至"二十一经"之说，是因为一部经典还有附属的文献，东汉班固《汉书·艺文志》序说儒家六艺，有九种，有经、传、记、群书等。经而外的这些传、记和群书，不是解释经的，就是与经有关的。

例如《春秋》为"五经"之一，但是，若把解释《春秋》

的《公羊传》《穀梁传》和史料编年体的《左传》，即所谓"三传"也算作经，那"五经"就有八种了；又如在《仪礼》《周礼》而外，还有《大戴礼记》《小戴礼记》，把这两种"记"也加入"经"的行列，那就更多了。现在流行的"十三经"中的《礼记》，指的就是《小戴礼记》。总之，"经"从"五经"到"十三经"乃至"二十一经"，就是把一些附属性质的传、记、群书也加进去的结果。今天，大家常说的还是"五经""十三经"，前者是基本的经典，后者则是由基本经典加上注释与解读的几部书构成的。

今天能见到的经孔子之手整理的只有"五经"。那些解经的著作，不少也都与孔子相关，如《礼记》就有孔子大量关于礼的论说。据传统文献记载，"五经"没有一个不与孔子有关系。于是，在古代文化发展史上，就有了这样一种"群山万壑赴荆门"的大景观：孔子之前的主要文化累积，都百川奔腾地经过了一个"荆门"，之后才又流向四方，这道"荆门"就是孔子整理文献形成的"五经"。

孔子做这事是有其背景的。这不是别人派给他的任务，而是他自觉主动承担起的历史责任。这与孔子的文化观念息息相关。假设一下，面对这些文化遗产，老子是不是有心思去整理它们呢？老子的观点是为学日益，为道日损：学得越多，离道越远。以这样的态度，我们很难想象，老子有兴趣去收拾打点这些丰富的文化积累。法家人物能不能做这种事情？法家人物从一开始就讲"法后王",一门心思要烧《诗》《书》。更重要的是,他们认为百姓有了知识就难治了,所以法家人物是不会做这种事情的。那么,其他学派呢?比如说有些学派重视概念分析,形成所谓的"名家"。"离坚白""合同异"的出新之说是他们的兴趣点,他们大概也没有文献整理的志向。墨家很注意著述,经常引用古老的经典如《尚书》等,可是他们的出身、行业、特有的思想观念,都限制了他们在文献整理方面的能力。看来看去,只有儒家,只有孔子,不但有这方面的志趣,而且还能做得好。

孔子重视他那个时代的古典文化,是因为在文化上他是一个"损益论"者。什么叫"损益论"?《论语·为政》载:"子张问:'十世可知也?'子曰:'殷因于夏礼,所损益,可知也;周因于殷礼,所损益,可知也。其或继周者,虽百世,可知也。'"子张是在问,未来历史文化发展的方向是什么?可不可以推测未来?孔子的回答是,要想了解未来,先看过去,看历史。他说,殷商文化的建构,吸收了夏文化,但有所增,有所减,也就是有所损益;周文化的建构,对殷商文化有所增,有所减,也是有所损益。孔子说,据此可以推知,未来百代的文化发展,应该也会遵循损益规则。这就是"损益论"的观点。

孔子在人文上持的是一种讲究延续加变革的改良主义观念,他不是个"革命论"者。儒家有一个革命论者,是孟子,他认为一个王朝腐败到底了,人民就应该起来推翻它,打倒它,这叫诛杀独夫民贼。读《论语》，看不到这样的言论。孔子把思考的焦点聚集在了文化延续和适度的损益上，在他看来，文化就像一条河流，不断地吐故纳新，不断地蒸发，也不断地汇聚大小的支流。文化的要素应是要损不好的，要益好的。如何做到这点，在于文化延续中的人，"人能弘道，非道弘人"（《论语·卫灵公》）。如果出了像桀纣这种暴君，怎么办？孟子态度鲜明，孔子就隐讳得多。孔子不谈革命，相反，《论语》赞美周文王在"三分天下而有其二"的时候，依然服侍于殷，对周武王则颇有微词。其中的缘故值得细究。然而，就是打倒了暴君，铲除了暴政，文化的发展还是得延续，还是得适度地损益。

损益论的文化观，还与人生观有着某种联系。损益，是承认人类文化从简单到复杂的演进，承认从最初的简陋到"郁郁乎文哉"的进化。重要的是，这是一个眼光"平视"的文化观。生斯世也，为斯世也，由损益而来的"郁郁乎文哉"的世界，之所以要全力维护它，是因为它是人安身立命、成就非凡人生的世界。它不是抬头向天，像有些文明所设定的超凡入圣的世界，认为人类世俗的一切，都是束缚，都是枷锁，人们应该摆脱它，一脚把它踢翻，然后才能跟那个最高真理相结合。孔子的观点不是这样的，他认为人可能生存的，就只有这样一个在一代代的延续累积中形成的文明化了的世界。人们行住坐卧、生老病死是在这样一个世界，所追求的神圣非凡的精神生活也是在这样一个世界。平凡的人生是在这个世界，超凡的人生也是在这个世界。

美国学者史华兹在他的《古代中国的思想世界》中曾作过一个比较，称在苏格拉底、柏拉图和亚里士多德那里，几乎找不到信仰中的优秀社会曾在历史中实现过的迹象。也就是说，无论是苏格拉底、柏拉图，还是亚里士多德，他们都认为人类早期的文化是不完美的，是应予批判的。尽管他们不是要求仰头，像印度教、佛教那样摆脱这个世俗的世界，但是他们对前代的文化基本上也采取了一种批判的态度，一种处处要指出其不足的态度。

像柏拉图，他笔下的苏格拉底，认为建构未来世界，完成美好的人生必须从概念分析入手，以此摆脱人生的愚昧无知。在柏拉图的笔下，苏格拉底在广场上看到两个小青年关系亲密，就问：你们这种关系叫什么？青年回答：我们这是友谊。苏格拉底就问了：什么叫"友谊"？请注意，"友谊"作为一个概念被提了出来。于是他们就展开了对"友谊"这个概念的分析。大家就举例子，举一个例子，经苏格拉底一分析就被否定掉，再举一个例子，还是被否定掉。最后到这场辩论结束，谁也不知道什么是"友谊"。

柏拉图笔下的苏格拉底这样做，固然可以起到"认识你自己"的警示作用，但是，对于"友谊"这个概念的无知，换句话说，不晓得"友谊"的概念是什么，就不能与他人有"友谊"了吗？生活中难以用概念分析搞清楚的事情多着呢，难道人在世间的生活就不进行了吗？例如什么是"美"，不是到今天还弄不出一个准确、统一的定义吗？可是日常的审美无时无刻不在进行着。西方一些学者对于这种太过于"方以智"的思考已多有反思。他们采取的是一种概念分析的方式，而概念是一种理念形态，任何现实的事物与理念形态的概念相比，都是残缺的，都是不完整的。在这样一种认知下，他们对前代所有的文化都持批评态度，也是很自然的。可问题是，在对"美"的概念没有认清之前，就不审美了吗？在把"善"的概念弄清楚之前，人们就不去行善，做一个好人了吗？正因如此，美国哲学家郝大维在他与安乐哲合著的《孔子哲学思微》(*Thinking Through Confucius*)中就批评西方重概念分析的做法，说他们导致的弊端是该做的好事一件也不做，不该做的恶事，全做了。

回过头来看孔子，首先他没有抬头看天、看上帝、看超验的大梵的兴趣。他主张"未知生，焉知死"（《论语·先进》），认为前人所创造的一切就包括生活的价值，学习它，遵循它，吸收好的，剔除坏的，就可以成就好的人生。而且，剔除坏的，保存好的，也不是概念分析。例如"勇"，如果让孔子说，孔子会告诉你，子路身上有勇敢，你看到了吗？这不是一个概念问题，一做概念分析就很麻烦，反而找不到实质。孔子的人文态度的独特性，就在于他不进行概念分析。

《论语·宪问》记载："子路问成人。子曰：'若臧武仲之知，公绰之不欲，卞庄子之勇，冉求之艺，文之以礼乐，亦可以为成人矣。'""成人"就是一个大致合乎理想标准的人，用儒家的话说就是一个"君子"，他要有智慧，不贪心，勇敢而又多才多艺，有文化。这不奇特，奇特的是孔子的指点方式，他没有纠缠于什么是"智""勇"等概念的辨析，他没有把人在生活中显露的诸多优秀品质化为诸多知识概念，而是描述这些特殊品格的状态。什么是智？臧武仲的人生有"知"（智）的特点；什么是"不欲"，公绰的身上有这样的特点……这些人也都不是完人，他们身上却有不同寻常的闪光点。这些熠熠闪耀的品质，你看到了吗？看到了就去学。孔子的学做人，学做"成人"，是希望大家披沙拣金地去学做人。这有点儿像鲁迅先生写小说，典型化手法，用当时上海人的打扮，绍兴人的小毡帽，北京人的鼻子、嘴脸等，典型化就成了阿Q形象。

孔子人文观念的特点是人文的标准不在抽象的观念领域，也不在这个世界之外的某个净土或者兜率天，人文就在你我身上，人文是凡人身上呈现出来的一道道五颜六色的光彩，它们交相辉映形成的世界就是人文的世界。这样的人文世界，有它深厚的传统，这就是文献典籍中无限丰富的矿藏。孔子挺身而出，主动承担整理典籍的大任，他要深入那个丰富的人文世界，打点它，损益它，蒸馏它，升华它。这样伟大的工作，首先就表现在他的课堂教学中。

如何做好人：向典籍汲取营养

子以四教：文行忠信。

——《论语·述而》

《论语·述而》记载："子以四教：文行忠信。"文，典章制度，亦即人文经典；行，好的行为，好的品格；忠，做人忠诚负责任；信，信实。文行忠信不是四门课，而是贯穿在教学中的基本精神。料想孔子教学中对典籍的解读，就有这四个方面的阅读体会。

《论语·宪问》载："南宫适问于孔子曰：'羿善射，奡荡舟，俱不得其死然，禹稷躬稼而有天下。'夫子不答。南宫适出，子曰：'君子哉若人！尚德哉若人！'"学生问老师几个历史人物的作为和结局为何不同，孔子不答。不答，大概就是笑眯眯地看着南宫适，表情中已经有了答案。等学生转身离去，孔子则由衷赞叹，称这个学生是"君子"，能"尚德"！看古书懂得吸收其中的德行。这就涉及南宫适说了什么，他说到了四个属于过去的人物。一个叫羿，来自东夷的部落首领，"羿善射"是说他擅长射箭，整天射箭打猎，结果被人杀死了；还有一个叫奡，"奡荡舟"，说他善驾船。有一种比较夸张的说法，未必是确解，但很有意思，说他可以陆地行舟，形容他力气大。这两个人，一个擅射，一个力气大，都不得好死。可是，禹和后稷，一个是夏人的祖先，一个是周人的祖先，他们老老实实地种地，结果子孙拥有天下，分别建立了夏王朝和周王朝。南宫适这样评价古人，表明他读书得法，知道应该汲取什么，所以孔子赞美他"尚德"，有"君子"的眼光。四个人物，都有点儿传说性质，但神话也罢，真实人物也罢，读书能体会德行的价值，就是"怪力乱神"，也可以读出有用的东西。

读文献典籍，学什么，吸收什么？《论语》中，从尧舜一直到活着的冉有，从古到今，这些人物都是孔子和他的学生们谈论的内容，谈论这些人物身上那些作为人的各种品质，可以学习的各种特点。这是孔子的人文态度，一种非常平实的，也可以说非常接近事实的人文态度。超越的上帝和大梵在中国难以生根。中国人的信仰，与那些放弃日常生活，不要日常人伦，而与一个超越的至上神精神结合的思维方式差异太大，中国人一般不容易接受这种东西。要想做个好人，就踏踏实实过好日常生活，显示出有价值的品格，堂堂正正做个人，便是菩萨道！这是我们所讲的孔子的人文观点。

有这样的人文观点，那些记载了过去文化的文献典籍就显得格外重要，所以在春秋晚期文化断续之际，孔子才那样急切地挺身而出，整理各种经典。这是他的精神动力。实际上"六经"包含的内容很多，如占卜，它不是孔子的职业；诗乐，掌握在乐官手里面，也不是孔子的职业。但孔子生活的时代正值"礼坏乐崩"之际，很多专业人员都不干了。

《论语·微子》篇中就说："大师挚适齐，亚饭干适楚，三饭缭适蔡，四饭缺适秦，鼓方叔入于河，播鼗武入于汉，少师阳、击磬襄入于海。"春秋时期"师"大概都是盲人，眼睛不好使，耳朵却灵，对音乐敏感，他们的专业就是负责礼乐的演奏。但《论语·微子》篇透露，太师挚已经走了，不在鲁国了，跑到齐国去了。亚饭干，古代天子诸侯用饭都奏乐，"亚饭"大概就是上第二遍饭时奏乐的官，也跑到楚国去了。因为没人管饭了，拿不到俸禄了，所以亚饭干、三饭缭、四饭缺都跑了，跑到哪里的都有，有的去了齐、楚、蔡、秦，有的去了黄河之滨的某地区，有的跑到汉水流域，还有的跑到海边，反正哪里给钱，哪里给俸禄，就往哪儿跑，给饭吃就做，不给饭吃就不做。虽为专业人员，但对自己专业的文明价值却全然无视！

孔子则不然。孔子把被这些专业人员丢弃的东西看得很重。当这些专业人员不行的时候，他却以一个非专业人员的身份站了出来。他博学，能把专业人员的事拿过来办，而且办得很出色，这是因为他不仅懂专业，而且懂文化。这类工作，他早年就主动去做了，但晚年投入的精力最多。这就是孔子，你就是再不喜欢他，也绕不开他。在那个礼坏乐崩的时代，若不是他站出来整理文化遗存，中国文化传统的传承，可能就是另外一个样子！

第十一章

「论次诗书,修起礼乐」:孔子删《诗》修《礼》

下面具体谈一谈孔子与"六经"的关系。

兴观群怨：孔子如何理解《诗经》

古者《诗》三千余篇，及至孔子，去其重，取可施于礼义，上采契后稷，中述殷周之盛，至幽厉之缺，始于衽席。

——《史记·孔子世家》

首先要谈孔子与《诗》的关系。《论语·子罕》篇说："吾自卫反鲁，然后乐正，《雅》《颂》各得其所。"说我从卫国回来就开始正乐，《雅》《颂》就各自回到自己的位置上去了。《雅》《颂》怎么唱，什么顺序，哪篇跟哪篇是什么关系？过去乱了，不得其所了，现在经我整理又各得其所了。这是孔子自己讲的。

《史记·孔子世家》中，司马迁也说到了这件事情。司马迁说："古者《诗》三千余篇，及至孔子，去其重，取可施于礼义，上采契后稷，中述殷周之盛，至幽厉之缺，始于衽席。"说孔子之前，《诗》一共有三千多篇，孔子把重复的去除，留下有礼义价值的。这些篇章的时间范围，上自商朝的始祖契、周朝的始祖后稷，中间经殷周兴盛时期，最晚到"幽厉"，就是西周后期。

司马迁讲孔子还做了另外一个工作，就是为《诗经》设了"四始"。《诗经》有《国风》《小雅》《大雅》《颂》，《颂》又分为《周颂》《鲁颂》《商颂》。这四部分，《风》以《关雎》开头，《小雅》以《鹿鸣》开头，《大雅》以《文王》开头，《周颂》以《清庙》开头，这就是《诗》的"四始"。也就是四部分的编排以哪一首开始，是孔子定下来的。这就是著名的"孔子删诗"说。

司马迁这样的说法到唐代开始有人怀疑，如孔颖达就说三千首诗篇才剩了三百首，比例是十首诗去了九首，比例太高、不可信。孔颖达这样理解是有误会的，司马迁说得很清楚，孔子删诗只是"去其重"，也就是说《诗经》在漫长的流传过程中会出现不同的本子，章节上、句子上、用词上，有大大小小的差异，把这些不同的本子都列出来，就可能有三千首，孔子只是把重复的删掉了，就剩下三百多首。这在汉代刘向整理《荀子》时，就有过类似的情形。刘向是西汉后期人，奉命到国家图书馆去整理图书，各种《荀子》重复的篇章加起来有三百多篇，刘向将这些重复的篇章整理归并,就成了至今流传的《荀子》三十多篇。《荀子》原有三百篇,经过刘向一番删削,只剩下三十余篇,其比例,正与《诗经》相同。司马迁说孔子删诗"去其重",是可以理解的。

不单是整理,孔子还是最早研读《诗经》的人。二十世纪九十年代,上海博物馆收购了一大批战国时期的竹简,记录的是孔子当时对《诗》的谈论,涉及五十多首诗。此外还讨论了《诗经》中《风》《雅》《颂》的含义,以及采诗观风的制度等。整理者将这批竹简命名为《孔子诗论》,是非常宝贵的资料。它告诉我们,在孔子那里就开始用一种新的方式读《诗》了。

何以这样说呢?孔子之前,《诗经》还是歌唱的,流行于社会各阶层,贵族家的典礼、王室的典礼、乡民在一起的宴饮,都要唱《诗》的篇章。西周以来中国文化被称为"礼乐文明",各种典礼常演唱《诗》篇,就是其表现之一。因为贵族可以参加这样的典礼,久而久之,他们对《诗经》的篇章熟得不能再熟,就逐渐养成了一个习惯:贵族们聚会吃饭、外交典礼等场合,重要信息都靠"赋诗言志"来传达。例如《左传》记载,伍子胥率领吴军打垮楚国后,楚国人申包胥只身前往秦国求救,在秦庭外哭了七天,秦国才答应出兵。这就是历史上著名的"哭秦庭"的故事。

要注意的是这个故事的细节。秦人答应申包胥出兵,不是直说，而是派人到申包胥身边唱《秦风·无衣》篇："岂曰无衣，与子同袍，王于兴师，修我戈矛。"这样一唱，申包胥就听出秦国将要发兵了！这就是春秋贵族特有的一种文雅。礼乐修养好的人听懂不难，听不懂就要耽误大事了。古代中国是一个诗歌大国，爱好诗歌的兴趣在春秋时期就表现出来了，人们对答用诗句来表达，这有好多例子。"赋诗言志"到孔子时还延续着，不然他就不会对自己的儿子孔鲤说"不学《诗》，无以言"了。

新的文学接受方式出现，应该就是从孔子开端的。

从《孔子诗论》可以看到，孔子已经把《诗》的篇章当作文献文本阅读了，开始对学生谈诗篇的含义了。例如《墙有茨》这首诗，孔子就说它"慎密而不知言"。又如对《汉广》，孔子评价是"知极"，有智慧。为什么这样说？因为该诗篇表达了"不求不可得，不攻不可能"的含义，孔子说："不亦知极乎？"读《诗》也要从中吸取生活的智慧，这大概是孔子评价《诗经》的言外之意吧！

孔子师徒之间读《诗》的例子，见于《论语·八佾》，确实与众不同。"子夏问曰：'巧笑倩兮，美目盼兮，素以为绚兮。何谓也？'子曰：'绘事后素。'曰：'礼后乎？'子曰：'起予者商也，始可与言《诗》已矣。'"子夏举出的诗句，前两句见于《卫风·硕人》，第三句今本《诗经》没有，可能是逸诗。子夏问老师的这三句诗的本义是赞美女子长得美丽，一笑俩酒窝，眼睛黑白分明，顾盼生姿，不需施脂粉就绚丽。诗句中的"素"就是不施脂粉的意思。

　　子夏问老师什么意思，绝不是问诗句的本义，而是从中可以读到的启发性含义。孔子明白这一点，就回答说："绘事后素。"什么意思呢？就是绘画要有好底子。孔子回答中的"素"是好底子的意思。古代绘画，不像今天有现成的宣纸。那时候，若在木板上画，先得把木板弄平弄光滑；若在墙上画，更是得涂抹白灰打底子。有了好底子，才能有好画作。即便是今天，若在牛皮纸、报纸上画画，无论如何也好不到哪里去。孔子的意思，今天我是这样讲的，但东汉郑玄给出的解释就很麻烦，他说："凡绘画先布众色，然后以素分布其间，以成其文。"宋代杨时、朱熹和清人全祖望等，对此都提出反对意见。启功先生晚年写《读〈论语〉献疑》，也对郑玄之说提出批驳。启功先生是画家，他说就现有的资料而言，古人没有像郑玄说的那样画的，所以"绘事后素"不能那样讲。

　　孔子作出"绘事后素"回答后，请注意，被列为孔门"文学科"的子夏，突然接了一句："礼后乎？"这句话有跳跃性。孔子的回答是就诗句的象征意义说的，子夏的思维跳跃了一下，由文学跨越到了哲学领地，他反问说：我们人类之所以有"礼"这种文化现象，也是因为有好底子吗？子夏的反问，一下子涉及了大问题。人类所以有"礼"，也可以推广一下，人类所以有文明,也都是因为人类有一个好底子吧!这句话反思了这样一个问题:宇宙万物中,地球上生存的所有生命中,为什么只有人类有文明,有文化。换句话说,为什么只有人类可以创造文明。这个基础在哪儿?养条狗,你逗它,它可以打滚,可以跟你摇头摆尾,那是动物的反射,不能叫文化。只有人类才可以发明出一套礼仪,只有人类才可以制造新的工具,可以盖楼房,可以建造航天飞机,就像好的绘画,是不是因为人有一个特别的好底子呢?这是个不折不扣的哲学问题。

孔子一听子夏的话,也吃了一惊,激动地说:"起予者商也,始可与言《诗》已矣。"你子夏启发了我,你是可以谈《诗》的。你有一种超乎常规的跳跃性思维,创造性的联想,读了好的诗句"巧笑倩兮,美目盼兮",你没有顺着想美人进而去想怎么把她娶到手,你没有这种想法。你悟到了深层次的问题,了不起,启发了我!

实际上,孔子与子夏的这次相互启迪的读诗,其结果是儒家提出了"美质论"的人性观。简单地说,人类有文明,是因为人性有美质。在后来的《礼记·礼运》等儒家文献中,经常可以看到儒家的人是"天地之灵气、五行(金木水火土)之精华"的说法。其肇端,可以追溯到这次孔子与子夏的论诗。儒家读诗读出一番哲学来,这需要一种启发式的、跳跃式的思维。子夏的颖悟,应归功于孔子对读《诗》方式的倡导。在孔子之前,没有那么读

第十一章 "论次诗书，修起礼乐"：孔子删《诗》修《礼》

《诗》的。

孔子对《诗》重视，是因为他认识到了文学的价值。《论语·阳货》载："子曰：'小子何莫学夫诗？诗，可以兴，可以观，可以群，可以怨。'"这就是著名的"兴观群怨"说。这四方面，基本上等于现代人对文学的理解。

先说"观"。读文学可以了解一个时代，恩格斯就讲，读巴尔扎克的作品，我们可以了解作家生活时代的资本主义，这就是观。

再说"怨"。文学可以"怨"，诗歌可以怨恨，历来有所谓"国家不幸诗家幸"之说。国家大乱的时候，诗人就有大不满足，有怨恨，然后发而为诗。所谓哀怨出诗人，富贵生活就难有好的文学。要注意的是，孔子是说"可以怨"，他没有说"一定怨"。

另外就是"群"，刚才说过古代"赋诗言志"，一些贵族到了一起，说话时用《诗》篇来传达意思。这是一种考验，什么考验？你是个贵族吗？你是个贵族，就应该常参加各种贵族典礼和宴会，就应该熟悉《诗》篇。你听不懂《诗》，还算是贵族？后人写诗文好用典就是受这种心态的影响，用典实际上也是考验读者，你有文化资格读我的诗文吗？这样的例子，表明文学首先可以形成一种区别，把不同层次的人区隔开来。同时又能联系。前不久有报道说，有华人的地方，只要一唱《黄河大合唱》，就可以激起强烈的民族情感共鸣。这就是文学的"群"的功能和价值。

那么"兴"呢？孔子说诗"可以兴"，"兴"是什么？兴就是兴发我们的生命。读一篇好的散文、好的小说，听一首好的乐曲，可以使你的生命处在积极健康的状态。你在公司上班，如果精神状态好，设计产品或开会发言，可能会灵光一闪，提出一种建设性的、突破性的观点。相反，你整天处在消极的状态，烦着呢，别理我！你的想象力可能就被抑制住了。所以，诗可以兴发生命，这是孔子对文学的一种非常精妙的认识，贴近我们今天"文学是人学"的基本观念。

文学不产生粮食，不产生钢铁，但文学可以造就健康的生命精神。不同于哲学、历史、管理学，文学是用精神状态和生命状态塑造你，让你处在一个好的状态。所以文学写作，要懂得中庸原则，有些该写，有些不该写。有人读一些淫秽书刊，年纪轻轻，就像《红楼梦》中看"风月宝鉴"的贾瑞那样，把自己搞死了。历朝历代都对那样的"文学"加以禁止，因为它们沿着动物的欲望走，这种东西不叫文学。"兴观群怨"里的这个"兴"，特别表现出了孔子对诗歌、艺术、文学的一种透入本质的看法。

修起礼乐：应对礼崩乐坏的时代

恤由之丧，哀公使孺悲之孔子学士丧礼，《士丧礼》于是乎书。

——《礼记·杂记》

第十一章 "论次诗书，修起礼乐"：孔子删《诗》修《礼》

《史记·儒林列传》说："孔子闵王路废而邪道兴，于是论次《诗》《书》，修起礼乐。"司马迁讲孔子整理《诗》《书》，用了"论（lún）次"两字，讲孔子对礼乐的整理用了"修起"两字。修起就是修而起之，"修"是说"礼乐"坏了，"起"是针对礼乐的废弛而言的。孔子生活的时代，是礼崩乐坏的年头，是上无道揆、下无法守的时期。上上下下，做人做事都没有规矩，人群还像个人群吗？社会还能称其为社会吗？所有人都没规矩，都要胡来，社会就会成为人间地狱。有鉴于此，孔子发愤而修起礼乐。

礼坏乐崩，是谁在那里败坏礼乐呢？不是一般百姓，是那些有权势的贵族。《论语》中可以读到孔子对贵族违礼的深恶痛绝，在《论语·八佾》中孔子说："八佾舞于庭，是可忍也，孰不可忍也！"这个话指的是鲁国季氏家族的行径，具体说可能是季平子干的。"八佾舞于庭"，什么叫"八佾"？古代礼乐的使用分等级，周天子典礼的舞乐，其舞蹈的人员是八行八列，所以叫八佾；诸侯国是六行六列，大夫就更少，依等级而减。季氏居然使用周天子的礼乐等级在家里演奏，是可忍，孰不可忍！他季氏家族连这样不讲礼的事都敢做，都忍心做，那还有什么事情不能做呢？实际上也果然如此，季平子执政时，季氏家族就把君主驱逐到国外了。后来这个季氏家族，也把鲁哀公逼得出逃，死在国外。孔子这样说是冒风险的，而《论语》中的一个基本精神，就是对贵族违礼持批评态度。

说起来,"礼"成为文献是人为的。它本来是生活中典礼的仪式,是不成文的规范。今天的人们经历的典礼场合少了,但也还有,例如结婚典礼。"五经"中有一部《仪礼》,其中关于婚礼的部分就相当于今天结婚典礼的各项仪程。结婚典礼有司仪,他总是说第一步怎么做,第二步怎么做,证婚人讲话,新人父母讲话,新娘新郎喝交杯酒等。典礼一步步地进行,到哪个关节该怎么做,《仪礼》就记录这些内容。一开始,这样的仪式仪程,都是由一些专业人员来操持的,典礼一步步进行的规矩,都装在他们心里。

但是,礼崩乐坏的世道来了,种种社会生活的礼仪逐渐废弛了,没人施行了,这就需要有人记录它们。最早的记录者是谁?据现有文献,最早记录这些礼仪的就是孔子。《礼记·杂记》记载:"恤由之丧,哀公使孺悲之孔子学士丧礼,《士丧礼》于是乎书。"记载说孔子给一位有士身份的贵族办丧事,鲁哀公觉得这是个好机会,就派了一位名叫孺悲的人去学习并记录它,这样就写成了《士丧礼》。这篇文献在《仪礼》中有,但是有学者说,孺悲当年记录的《士丧礼》,内容要比今天《仪礼·士丧礼》中的内容多。这大概是历史上第一次把典礼的仪式仪程记录下来,所以《礼记》郑重地说明了一下。

孺悲开始记,孔子的学生大概也开始记。有学者研究,从此以后的一百年内,《仪礼》这部书的大部分内容就都由孔子后学记录完成了。这样说,"礼"能成为文献,发乎孔子。就是说,当时孔子最了解各种礼。这固然是孔子好学的结果,也与他的儒者的职业有关。《论语·雍也》载:"子谓子夏曰:'女为君子儒,无为小人儒。'""君子儒"就是孔门之儒,以天下为己任;"小人儒"应该就是散落民间靠婚丧嫁娶办礼仪挣口饭吃的职业者。实际上孔子对各种典礼仪程那样博学,说明当初他也是"小人儒"中的一员。当然"君子儒"也做婚丧嫁娶的礼仪,只是志向不同。孔子教育子夏的意思,不外是说,从事婚丧嫁娶不怕,怕的是志向局限于此。没有一开始从事"小人儒",孔子就不可能有对各种礼仪的熟悉精通;没有"君子儒"的大志,孔子也就不可能以文化的眼光审视各种礼的文明内涵。孔子不但精熟于礼,而且他还"学而时习之"地教导学生各种礼的重要内容。

儒家还有另外一部礼书,就是《礼记》,是专门讨论礼仪中的文化含义的。比如办丧事的典礼,它实际有凝聚宗族的社会价值。孔子和学生讨论这方面的问题,就开始从超越层次透视丧礼的意义。又如婚礼,为什么要迎亲?孔子回答:这表示一种尊重。人娶妻,"妻者齐也",你把人从娘家娶过来,给你传宗接代、料理家务、祭祀宗庙、接待客人等等,你要尊重她,所以要迎亲。又说这是人伦之始,人伦始于何处?始于男女的结合。有男女,人伦就开始了,有男女就有了夫妇,有了夫妇就有了父子、兄弟,有了社会关系。所以人的社会关系的缔结,是由男女缔结婚姻开始的，男女缔结婚姻产生家庭，要生孩子，要延续后代，怎么能不重视缔结婚姻的时刻呢？

中国文化的特点之一是重视家庭，中国人认为孩子的教育首先是在家庭中完成的，所以求忠臣必于孝子之门。古希腊则有另外一套逻辑，不认为家庭有教育孩子的能力。柏拉图笔下的苏格拉底就说过，家里不能教育孩子，因为家里不是女人就是奴隶，女人只有半个人格，奴隶没有人格，怎么能够把塑造未来希腊公民的教育大权交给他们呢？所以教育指望不上家庭，那么教育应该在哪儿进行呢？在广场上教育！在男性公民们活动的地方，小孩子跟随在成年男子身边，听他们谈论政治、经济、各种各样的社会事务，这就是西方的少年教育。可是，中国人讲孝悌之道，孝悌是家庭教育的结果，懂得孝悌之道的人到了社会上就可以成为好的社会成员。古人重视婚姻关系的缔结，宣示的实际是家庭建立人伦之始、人伦基础的含义。所以，缔结婚姻要郑重其事。

乐以道和：社会和谐的追求

有子曰："礼之用，和为贵。先王之道，斯为美。小大由之。有所不行，知和而和，不以礼节之，亦不可行也。"

——《论语·学而》

第十一章 "论次诗书,修起礼乐":孔子删《诗》修《礼》

说到"周礼",实际还包括"乐",合起来就是"礼乐"。"礼乐"一词,最能概括西周社会文明的典型特征。周代典礼,突出等级,上下有别,同时更突出上下之间的和谐。这和谐,主要就是由典礼中的"乐"来表现。前面说过,周礼"乐"的部分,由于条件所限,演奏的乐谱没有保留下来,但是,作为"乐"的歌唱部分的诗篇却保存了下来。这就是《诗经》三百篇。"乐以道和",礼乐的基本精神就是崇尚和谐。虽然我们已经不能完全了解《诗经》在当时的演唱方式,但是仔细阅读,还是可以大致看出蕴含在三百篇中的几种和谐精神。简单地说,诗篇有如下几种和谐:

首先,人群与人群之间的和谐。这就是婚恋诗篇的内涵。《关雎》为什么被排在第一?是像今人所说,因其歌唱了"爱情"吗?不是。是因为它歌唱了两个不同姓氏社会群体之间新的亲戚关系的缔结。贵族的婚姻,往往发生在异姓的邦国之间,婚姻凝聚着族群之间的关系。前面说过,西周分封建国,是一姓统治万姓,当时族群林立,尚未凝结为一个民族,所以"一姓"往往就代表一族。当时以周人的实力,是无法靠武力征服众多族群的,于是他们就聪明地采取了联合,进而融合的路径,以不同族姓之间婚姻关系的缔结来实现族群之间的融合。今人总是以"爱情"的眼光来看《关雎》,实际忽略了诗篇中负载的社会内涵,看轻了《诗》的价值。

其次，上下之间的和谐。这主要表现在宴饮的诗篇中，不同等级的人共同享有一份酒食，上下之间觥筹交错，互相敬酒。只有互相谦让，互相尊重，才能分享社会的权益。

再次，家国之间的和谐。这主要表现在战争和行役题材的篇章中。俗话说，忠孝不得两全。家庭中的男子为国出征或者行役，就不能照顾家庭，家和国之间就有了分歧和冲突。战争结束的庆功典礼和招待使臣的宴饮场合上，所唱的诗篇，专门从将士的思乡和行役者的劳苦入手。在公开的典礼上这样歌唱，实际是代表社会向那些为国而牺牲家的人致敬，表示体恤之意，以此从精神上补偿和消弭家国之间的龃龉。

最后，人和生存其间的天地世界的和谐。这主要表现在农事诗篇的歌唱中。秋冬之际，人们在庆祝丰年之外，还要祭祀各种与农事丰饶相关的天地神灵，显示出人们对依偎于大自然怀抱的感激之情。这就是《诗》"乐以道和"的内涵。记录孔子和他的学生研讨"乐"的内容的《礼记·乐记》对此有很好的表述。例如，《乐记》说乐与天地同和，就认识到了上面说的最后一种和谐。又说"礼主别，乐主和"，就是对第一种社会和谐的体认，等等。至于"乐"对和谐人格的造就，对社会善恶的表现，《礼记》也有同样重要的论述。

儒家经典里还有一部书叫《周礼》。《周礼》讲的是王朝制度，例如王下设六官，天官、地官、春官、秋官、夏官、冬官，六官下又设各大小官员，并描述了其职守等。这份文献争议很大，它到底成书于何时，作者为谁，孔子是不是见过《周礼》，都还有疑问。不过，现在有学者研究西周金文中的官职，发现在《周礼》中也有。这样就不能冒失地说《周礼》全部是后世的伪作了。

"经礼（大礼）三百，曲礼（小礼）三千。"作为社会生活的行为规范，礼的内容实在广阔。孔子还很关注那些类似风俗习惯的各种大小礼法。这些数不清的不成文规范，有关日常生活的行、住、坐、卧等，关乎世人良好习惯的培养。"少习若天成"，人的好习惯都是从小养成的。对生活的认识，进入无意识层次是修养，只停留在认知层次是知识。这就是"少习"的重要。

在儒家《礼记》中有一篇《曲礼》，其中大多是对生活"小礼"的记述。例如，在两千多年前的《曲礼》中，儒家就反对光膀子，为什么？一是不卫生且容易着凉生病，二是对别人不尊重，所以《曲礼》说，天再热，也应该穿一点儿衣服。再如，人家与你说话，你当着人面"呸"地吐唾沫，也很失礼，是要不得的。《曲礼》还说和人一起吃饭时，坐在那里，腿不能叉开太大，会妨碍别人。吃饭的时候，人可能请你把刀子之类的餐具递给他，你不能把有刃的那一边冲着人家，等等。大家有兴趣的话，可以看看《论语·乡党》篇里记录的孔子的日常行、住、坐、卧。跟人谈话，不但眼光要看着对方，而且视线上不要过人头顶、下不要过人的腰带，过人头顶显得傲慢，过人腰带则令人不安。这都是需要注意修为的好习惯。有些习惯，现在民间还保存着，例如进入家屋子，如果有门槛则不能踩，也不要站在人家门口不动，这都是不礼貌的。

孔子在《论语》中说过："不学礼，无以立。"一个人在社会中与别人打交道，不懂点儿礼仪怎么行？见了人家是应该握握手，还是拱拱手，这属于礼节，是生活中经常发生的事。孔子对礼的看法，实际上也体现着孔子人文精神的基本特点。

玉帛云乎哉：生活中处处是"礼"

子曰："礼云礼云，玉帛云乎哉？乐云乐云，钟鼓云乎哉？"
——《论语·阳货》

能合乎礼仪地待人接物，并不是很容易。孔子说："礼云礼云，玉帛云乎哉？"（《论语·阳货》）礼不单是一种形式，还寄寓着一种精神，那就是人与人之间应有的恰当积极的和谐关系。

美国学者赫伯特·芬格莱特有一本书名叫《孔子：即凡而圣》。他说孔子的儒学，追求的是在平凡中实现神圣的人生。"平凡"之所指，就是礼仪。芬格莱特举了一个很简单的例子，他说两位老朋友在马路上见面，一个很自然的礼节就是握手。然而，一次恰当的握手，传达的是友谊之情，这样的情感实际很神圣。一次成功的握手，虽然很简单，却是需要学习的，因为与不同的人握手，握的力度和时间长度是不一样的。一男一女头一次见面，一般而言，女士不伸手，男的就不该主动伸手去握，更不能握着人家的手不放，这是失礼的表现。一次合适的握手，就是芬格莱特所说的"即凡而圣"。遵守礼法，理解礼法，成功地用礼法表达真情，看似平凡，实际神圣。这恰恰是中国文化的特点。我们说过，孔子的人文观念是平视的，他不仰头看天或者细究概念，他把人类文化视为一条有机的、上游与下游相连相续的河流，他要用这样的人间文化实现人生的不凡。

礼还代表了一种相互的约定与约束。看看儒家的《公羊传》和《左传》，里面说某某事"非礼"，就是不合礼法。《论语》中鲁定公问孔子，君臣关系应该怎么处？孔子说："君使臣以礼，臣事君以忠。"（《论语·八佾》）君主是在上位者，对下属的行为言语要合乎礼法，不能以奴仆视之，呼来喝去。这就是礼法，约束着人的身份，让人做事恰当。大臣呢，拿人俸禄就得替人谋事，就要实心实意做事，这就是"忠"。这都是礼法的约束。

礼还有一种成例，就是过去的"老礼儿"。做人做事，一开始进入社会，可能很多事都不会处理。那怎么办？依礼而行。儒家有时候讲中庸之道，中庸之道很难，但儒家会说：你不会中庸之道，只要依照老礼儿行事，就不会出大岔子。所以礼的价值是维系社会秩序，做人做事遵从社会礼法，一般可以保证不会太出格。这对现代人也是有启示的，你不知道怎么做事，但俗话说，没吃过猪肉，还没见过猪跑吗？看看别人怎么做的，遵从礼法别违逆，就不至于出大岔子了。旧的礼法习俗也不是说都不可以违背或破除，有些陋风恶俗不应延续，一些良好的风俗习惯沿袭千百年，为了求新而去违背它，就不值。这样做往往是，新的有价值的风尚没有确立，旧的良好规范也丢失了，两头不落好，是很失败的。

前面说《仪礼》等儒家文献记录了好多礼，其中如成年礼，就是所谓的"士冠礼"，体现了对人成年的关注。士冠礼作为一种风俗可能在远古时期就有了，其他的民族也有相似的礼仪。一个男孩子成年了，大人要考验他，他要经过各种考验，这些考验后来固定为一种仪式，就是成年礼仪。看人类学的材料，在一些美洲印第安部落，孩子长大了的标志，就是能忍受疼痛，所以要举行一种鞭打仪式，看你能不能忍受得住。不过仪式上的鞭打倒也不是真打，但经过这样的礼仪就表示你成年了。

中国古代的冠礼很有意思。一个男子到了二十岁的时候，如果父亲在世的话，就由父亲来主持典礼，并请来乡贤做见证人，典礼主要环节是要戴三种帽子，穿三套衣服。有打猎的帽子、典礼的帽子、祭祖的帽子和相应的套服。等换完衣服，礼节大致就完成了，就表示该男子成人了，可以参加成年人的活动了。冠礼举行以后还要拜见家人，拜见乡里的先贤。另外还要由父亲或者乡贤给他起一个字，不能再叫小名了，要起一个文雅的字，有名，还有字，就表示成人了。以后亲近的人称他，要叫字了。现在很多中学都在学生要毕业的时候进行"成年礼"，虽然好像是一种复古，却是有意义的，这样的礼仪表现的是社会、学校对一个行将走进社会的人郑重的接纳。典礼做得好，对一个人的成长、一个人的自信，是有帮助的。

古代日常生活中，还经常举行一种乡饮酒礼。一个乡里，隔一段时间，一般是在一年的年底，要举办饮酒礼。这个典礼实际是乡大夫与乡贤聚会，吃饭、饮酒、歌唱。有的学者根据一些民族学、人类学的资料研究，认为乡饮酒礼起源于部落时代。远古时期一个部落就是一家人，他们有在一起吃饭的习惯，以加强联系。进入国家王朝时代，这一习惯就变成了一种礼。

饮酒礼的过程大体是这样的：乡大夫选宾，标准是贤达，即干得好、表现突出、孝敬父母。选出主宾，还要选一些副宾，并要提前通知选中的诸宾。典礼开始后，先行"一献之礼"——主人向众宾敬酒，众宾回敬主人；然后主人洗爵倒酒，主人自饮；接着主人再向众宾献酒。这样，一献之礼就结束了，接着进入下一个阶段，开始吹奏乐器、歌唱。四位艺人上堂，两人弹瑟伴奏，两人歌唱，唱的都是《诗经》的篇章。这叫"升歌"。接下来是"间歌"，堂上的艺人弹唱一首诗歌，堂下的艺人就吹笙一曲；堂上再唱，堂下再吹。然后进入"合乐"，也是唱诗，篇章都见于《小雅》和《周南》《召南》。接着是"无算爵，无算乐"，想听哪篇《诗经》就听哪一篇，想喝多少酒就喝多少酒。很多贵族了解《诗经》大概就是通过这种场合。之后才到坐下来吃饭的环节。最后送客，送客敲钟，打击乐点。你在公共场合喝酒，若是喝得稀里糊涂、东倒西歪，脚步都踩不到点上了，就是失礼的。

乡饮酒礼要表现什么？首先是良好的日常生活习惯。你参加这样的聚会，日常生活习惯、家庭教养，就都显出来了。参加庄重的典礼，没有衣服的话，借身衣服也要穿得体面一点儿。另外，参加这样的典礼，与别人打交道，什么时候站，什么时候坐，整个应酬过程，能看出你是不是了解或者熟练地掌握礼仪。如果坐没坐相，站没站相，就要丢人了！还有一点，在整个典礼过程中，一定要懂得谦让。你作为来宾，从大门进入二门，往宴会的堂上走，人家主人陪着你，拐弯或者上台阶时，要知道请别人先走，这是表示自己谦虚。吃饭了也要懂得谦让，作揖先请别人。《礼记》讨论到这一点时说，如果社会成员在任何事情上都讲究谦让，就永远不会出现争斗。

还有一点是讲究卫生。饮酒用的酒爵，每一次用它给别人斟酒之前，都要洗一洗。主人为客人洗，客人为主人洗。正堂下有一个专设的装水容器，用来洗爵。而且洗完了，要面向对方，把这个杯子扬干净。饮酒礼讲究洁净之道，在强调秩序和礼让之外，它还注意到了洁净。很早以前，有一个叫俾奥的国外学者，他翻译中国的礼书，就感慨两千五百年前的中国人就知道讲卫生，真是难能可贵！那么，饮酒吃饭，谁先谁后呢？首先看年龄，老先生优先；其次看德行，好就可以作为宾；最后提倡谦让、秩序、讲卫生，典礼考验每一个人在这些方面做得好不好。

这就是典礼的价值。它实际是通过饮酒吃饭的礼仪，提倡一个社会崇尚的东西。乡饮酒礼实际是经由典礼过程，把一个社会生活的基本准则宣示给大家。

美国哲学家郝大维与汉学家安乐哲两人合写了一本书——《孔子哲学思微》，其中就谈到周代的典礼。他们问，周代典礼所倡扬的精神是自由主义和个体主义吗？不是。那么，是专制主义吗？也不是。他们说，周代乡饮酒礼，整个过程中，每一个人都各尽其事，各司其职，典礼才能够顺利完成。每个人都有机会表现自己的重要性，于是每一个人都能感觉到自己受到了关注。例如乡饮酒礼中有一个细节——敬酒。宾主敬酒之外，在典礼要完成的时候，还要向涮洗酒器的人敬酒，向这些人致敬，感谢他们为宴会出力。此外，还要向那些乐工敬酒。典礼的方方面面都是彬彬有礼的，不遗漏任何人，表示注意到每一个人的努力与合作。

书中打比喻说，典礼中的每一个人，不是几何图中的点和线，而是艺术绘画中的构图要素，每一笔画，都关乎全局的生命力，所形成的是一种审美秩序。画个图表，每一条线都是死的；

但是画一幅山水图画，每一条线都是有生机的、活泼的。也许用汉字的每一点、每一撇来比喻更易于我们理解。绘画或者汉字，作为构成要素的每一笔、每一点、每一撇捺，都是活跃的，都是有机地互相呼应着的，这样整体才是活泼动人、富于生命力的。周代典礼对建构一种真正有机的社会，是有启示作用的。它们代表着一种古典的和谐。它固然不足以解决现代问题，却可以成为建构新的和谐社会的一种资源。

虽违众，吾从下："礼"也需要损益

> 子贡欲去告朔之饩羊。子曰："赐也，尔爱其羊，我爱其礼。"
> ——《论语·八佾》

孔子维护周礼，至今还是一个争议很大的课题，很多学者认为孔子是一个抱着旧文化不放的守旧派。实际上，好好读过《论语》的人都知道，在礼的问题上，孔子是一个损益论者，亦即改良者。《论语》中有一则记载："子曰：'麻冕，礼也。今也纯，俭，吾从众。拜下，礼也。今拜乎上，泰也。虽违众，吾从下。'"（《论语·子罕》）孔子说过去的帽子是麻质的，现在改成丝质的了，改成丝质反而节省了。这样的改变有价值，我遵从大家的做法。孔子又说现在还有一种改变，就是过去鞠躬，弯下去很低，现在不然，像吞了扁担一样，弯不下腰。这种改变只表明比过去傲慢了，对这样的改变，我不惜违背大家，我鞠躬还是把腰弯得低低的。

风俗在改变，文化习惯、礼法体制上都在改变。但是，对这些改变，孔子是有自己的判断的，那就是改得值不值，有无意义。他赞成有价值的改变，反对无价值甚至掉价值的改变。什么叫有价值的改变，那就是符合人情。儒家说过，圣人制定礼法，是根据人情来的，是贴着人情走的。麻冕改成丝冕，节省了，这就是有价值，符合人情的需要。

《礼记》还记载了一个例子，邻居家有人去世了，殷商人什么时候去吊丧呢？在棺材要入土的时候。周人改了，改在什么时候？周人在把人埋了，宾客散去以后。这时候家里面一片凄凉，正需要安慰，所以邻居这时来安慰一下。孔子说这个改变是好的，是有价值的。总之，不能为改而改，改要有所值，这是孔子对礼的看法。他认为礼应该沿着贴合人情的方面不断完善变化，并不是一味地抱着老礼儿不放。

这代表着孔子对传统的态度。一方面孔子是损益论者，承认文化要改良；另一方面孔子强调在改良上要慎重。《论语·八佾》说："子贡欲去告朔之饩（xì）羊。子曰：'赐也，尔爱其羊，我爱其礼。'"古代天文历法不像今天这么发达，每年冬都要由朝廷向天下颁布未来一年十二个月的第一天（朔）是哪个日子。诸侯接受了天子的颁告后就把它藏在祖庙里。每个月开始的那一天，都要杀一只羊告庙，把历法请出来。这叫"告朔"，所杀的羊叫"饩羊"。在鲁国，告朔这一老礼儿到孔子时代已经被君主废弃了，但杀一只羊还在如期进行。所以子贡就问老师，可不可以连杀一只羊也省去。孔子却说，你舍不得那只羊，我还舍不得这个老礼儿呢！言外之意，有这个老礼儿，"告朔"这个传统就不会彻底断掉，没了它，一个表达对天文历法恭敬的古老礼法就彻底消失了。

在要不要继续"告朔饩羊"这件事上，我认为这是我们这些"吸收精华，剔除糟粕"的供奉者需要注意的。"吸收"与"剔除"的"二分法"固然好，可是在几千年甚至更长的传统面前，你说什么是精华，什么就是精华，你说什么是糟粕，什么就是糟粕吗？"二分法"固然有它的好，但是若自以为自己就是精华和糟粕的判定者，大言不惭，就是绝对的危险了。在做"二分"的判断之前，一定要慎重，能延续就延续，亦即遵循孔子"我爱其礼"的态度。否则，就太容易落到自己没文化还专爱驴子入瓷器店地破坏文化遗产的糟糕境地了！这样的教训实在不少了。

世界上几个大的文明，无论是西方文明还是东方文明，全部都是在一个特殊的时代奠定了后来人生活的基本规范。在西方，古希腊、古罗马文明对西方人的影响，怎么说都不过分。我们中国人之所以为中国人,追寻我们的历史,其根源可以追寻到西周、春秋这段时期。它所形成的某些习惯和方式,到今天还在影响着我们,它是我们的民族性根基。建构未来社会文明,是不是要把这些东西全部一脚踢开呢?这是值得讨论的。孔子对礼的态度,是否有借鉴意义,也是值得认真考虑的。

第十二章

「信而好古」：《尚书》与《春秋》

第十二章 "信而好古":《尚书》与《春秋》

孔子教学,文行忠信。其中的"文",就包括历史典籍的研习讲论。南宫适向老师问"羿善射,奡荡舟"之事,子路、子贡问管仲、召忽节操之不同,都是明证;而且所教不仅有"古代史",还有"近现代史"。要教史,必然要搜集历史典籍,《尚书》因而成为儒家的"五经"之一。不但如此,孔子很可能还是中国最早以私人身份编修历史的人,这就是他与"五经"中另一部历史著作《春秋》的瓜葛。

孔子的学术中何以要有史?

孔子的治学态度是"述而不作,信而好古"(《论语·述而》)。说明孔子一定关注历史方面的文献,但孔子表达文化理想的方式,不会像柏拉图那样在思辨中缔构一个"理想国",而是在讲史、述史和修史中寄寓自己的思想。当南宫适对古人作出"尚德"的理解时,孔子之所以高兴,是不是也有自己理解历史的方式在学生那里有所呼应的因素呢?

《尚书》有真有假：今文尚书与古文尚书

追迹三代之礼，序《书传》，上纪唐虞之际，下至秦缪，编次其事。

——《史记·孔子世家》

《尚书》，按照传统的讲法大都认为经过孔子的筛选和整理。《史记·孔子世家》说："孔子之时，周室微而礼乐废，《诗》《书》缺。追迹三代之礼，序《书传》，上纪唐虞之际，下至秦缪，编次其事。"说孔子生活的时代，周王室已经衰微，礼乐已经废弛，《诗》《书》也残缺不全了。于是孔子"追迹三代之礼，序《书传》"，就是给《书》编排次序，上自唐尧、虞舜，下到春秋的秦穆公，是孔子选《书》范围。《史记》还说"故《书传》……自孔氏"，是说《尚书》的传承是从孔子开始的。

研究孔子与《尚书》的关系，实际上很困难。为什么？按照汉代纬书的说法，古《书》有三千二百多篇，孔子从中选出一百余篇，编为儒家教材。可是秦始皇统一中国以后强制民众烧毁《诗》、《书》、"百家语"以及秦之外的列国史书等文献。直到汉代建国以后的第二代皇帝惠帝，才废除了秦代的"挟书之律"

(在秦代，身上带有《诗》《书》等书籍是犯法的)，《尚书》才开始恢复传授。当时，济南有位老先生伏生，在秦始皇焚书的时候，抱着百篇《尚书》逃匿，秦亡国后又出来授徒。汉文帝时，朝廷知道伏生懂《尚书》，就让著名的晁错到伏生那里受学，抄录。实际伏生那里的《尚书》也不全，只有二十八篇。晁错抄录时是用当时的字体写的，这就是《今文尚书》。"今文"就是当时的字体。后来有人又发现了一篇，经认可，加入二十八篇中，这就是《今文尚书》二十九篇的由来。

到汉武帝时，又有新发现。汉景帝时封建的一位鲁恭王到曲阜建立邦国，这位王爷很喜欢建筑楼堂馆所，拆除孔子家老建筑时，在屋子的夹壁墙里发现了用战国文字写的《尚书》，比《今文尚书》多十六篇。当时孔子的后代孔安国就用"今文"整理这批文献，他本想建议朝廷立于学官，不想时值汉武帝末年，宫中发生了"巫蛊"事件，朝廷大乱，事情就被搁置了。一直到两汉结束，多出的十六篇始终没有人传授。曹魏、西晋时也没有它们的消息。不想到了东晋，有一位名叫梅赜的人，声称自己有从孔安国那里传下来包括鲁恭王发现的十六篇在内的《尚书》，还有孔安国的传(注释)。这就是所谓的《古文尚书》。此后，这部《古文尚书》流传，连唐代的"五经正义"都以它为经文。到了宋代，有学者开始怀疑梅赜的这部《古文尚书》，最后到清代才定了案，认定梅赜所献孔安国作传的《古文尚书》是伪书，其中比《今文尚书》多出的篇章是伪造的。

　　这就是研究《尚书》与孔子关系的困难之处,汉代以前的古本《尚书》已经见不到了。资料残缺不全,研究起来困难很多。不过,关于《尚书》也有新材料问世,在清华大学收购的一批战国竹简中有一些类似《尚书》和《逸周书》的篇章,据专家说,其中有的篇章就是秦汉之际失传的,如《咸有一德》篇。

　　虽然《尚书》丢失了不少,但可以肯定的是,孔子教过学生《尚书》。在《论语》中,孔子就曾引用过《尚书》的句子"孝乎惟孝"。同时像南宫适说到的羿、奡,可能也出自失传的《尚书》,他所说的禹和稷,则确实见于保存下来的《尚书》。《尚书》做过儒家的教材,这是毫无疑问的。

周公之德:《尚书》的核心内容

　　克明俊德,以亲九族;九族既睦,平章百姓;百姓昭明,协和万邦,黎民于变时雍。

——《尚书·尧典》

　　那么,孔子想让学生从《尚书》中学点儿什么呢?就仅存可信的《尚书》而言,有一点很值得注意,那就是二十几篇文献,大部分都与周公有关。就算百篇《尚书》犹存，记录周公言行的文献所占比例也是很高的。由《论语》可知，孔子晚年身体不好，说"甚矣吾衰也！久矣吾不复梦见周公"（《论语·述而》）。由此可知，周公对孔子的影响，不仅仅在意识层面，还在下意识层面，孔子连睡觉都梦见他，念念不忘的情感是何等深挚！

假如《尚书》真是从众多古史篇籍中选出的，那么，高扬周公之德，就是孔子编选的寄寓。什么是周公之德？有一本书叫《尚书大传》，是济南伏生作的，这本书也残了，现在能看到的版本是清代学者辑佚的。在残缺的《尚书大传》中，有这样一段文字，周武王灭商后，向姜太公征求意见：众多的殷商遗民怎么办？姜太公的意思是能杀就杀，杀一个少一个。武王觉得这样做不行，就又问另一位大臣召公。召公说，有罪的就杀，无罪的不杀。武王听了，觉得这样做杀人仍太多。最后就问周公，周公说，无罪的不杀，有罪的也不杀。而且，不但不杀，还要"各安其宅，各田其田"！殷商时有房屋的人，可以继续住在其房屋内，殷商时有田地的人，可以继续耕种其田地，一如其旧。《尚书大传》说，周武王听了这个建议，旷然若觉天下已定！什么叫周公之德？这就是周公之德！一个征服者，一个胜利者，能对被征服的民众包容，这就是德。作为殷商后裔的孔子，看到这种记载，常梦见周公也就很自然了。

《尚书》有一篇《康诰》，过去都认为这篇文献是封康叔到卫国去做诸侯时的"命书",我写了一篇文章表达了不同意见,拙文叫《〈康诰〉非"诰"》,讲它不是官样"命书",而是封建仪式结束之后,周公对自己的弟弟如何治理卫地殷商遗民的谆谆嘱咐,不是那个"命书"的"诰"。康叔与周公为同一母亲所生,是所谓"文王十子"之一,很有才干,所以周公选派他到殷商遗民较多的地方做诸侯。周公的嘱咐主要有这样几点:第一,康叔你到殷商那儿去治国,建一个周人的国家,首先要向殷贤民学习。殷商五百年多贤王,虽也有中衰,幸赖代有贤人,才能转危为安,有许多好的治国经验值得学习。周公这样说的时候,可是在周初啊!刚刚战胜了强大的殷商,就能提出要向手下败将的殷商学习,这是何等的心胸!

第二,周公又说,康叔你去了以后,不要用我们周人的法条治殷商遗民,我们周人起源于西北,有自己的生活习惯,有自己的法律条文,你不要拿这些去给殷商遗民断案子。你那样断案子,他们如果不习惯,就会觉得我们欺负他们。怎么办呢?你就用殷商的法律统治殷商遗民,他们才习惯。多开阔的政治心胸,允许在一些诸侯国,因地制宜地实施与周人不同的司法。实际上还不仅限于司法,比如丈量土地的尺度,在晋国用的戎索(就是戎人的尺度),在鲁国用的则是殷商的尺度。西周分封建国规模宏大,实际是"一国多制",这与周公的心胸有着密切的关联。

第三,对殷遗民要宽容。他们爱喝酒,由着他们;他们喜欢牵着牛车到各地行商,也要允许他们去做。但是卫国的周人喝酒就不行。周公对康叔说,酗酒的周人,你不好处理的,交给我。

《尚书》中,周公对召公曾经说过这样一句话:我们周人取得了天下,有无边的幸福、欢乐,也有无边的忧患!能在胜利之后说这样话的人,性格多么沉稳,心智多么有深度!今天能看到的《尚书》,大部分都是周公对殷遗民和自己兄弟的讲话。从这些话中,我们既可以看到他的智慧,也能深切感觉到这是一位强调学习、具有忧患情怀、有着宽大包容的心胸的人物。孔子与周公虽隔了数百年,心灵却是相通的。

《尚书》选篇从尧舜开始,《尚书》开篇就是《尧典》。《尧典》开篇又怎么说?"曰若稽古帝尧,曰放勋。钦明文思安安,允恭克让,光被四表,格于上下。克明俊德,以亲九族;九族既睦,平章百姓;百姓昭明,协和万邦,黎民于变时雍。"尧严格要求自己,修成了光辉的人格,以此他用德行凝聚了自己的九族,使自己的家庭变得亲睦,由此外推,进而团结了各个族姓的民众,协调了天下所有人群的关系,所有的人民在他的德行感召下幡然变好。这分明是后来儒家讲的修齐治平、内圣外王的大格局啊!《大学》篇的"在明明德"的"内圣外王"思想格局,不就是《尧典》篇开头部分的一个儒学的翻版吗?"内圣外王"之道,在《尚书·尧典》就讲了。

这里有一个重要的问题,《尧典》是什么时期的著作?过去都认为是后来儒家写的文献,照这样说,它的"内圣外王",也就没什么新奇。但是,这样的说法是不成立的。我对此曾有考证。简单地说,拿《尧典》与可信的西周中期的文献《吕刑》相对照,就可以发现,《尧典》与《吕刑》高度相似。再拿《尧典》的一些句法、用词等,与西周中期的金文相比对,也能发现相当高的一致性。这说明什么?说明在出土文献丰富的今天,再把《尧典》理解为春秋战国时期的文献,就显得不入流了。因为新资料和老材料,都可以证明《尧典》的写作完成于西周中期。

在弄清《尧典》是西周中期的文献这一点之后,我们又可以发现,儒家的思想文化建构确实是"吾从周"的。儒家一些重要的思想就是从西周文献中提炼出来的。把《大学》与《尚书·尧典》关联,就能说明这一问题了。这好比,周文化是粮食,孔子和他的学生就从粮食里酿出了酒!《论语》表明,内圣外王这一思想之酒的酿制,就是从孔子开始的。《宪问》篇:"子路问君子。子曰:'修己以敬。'曰:'如斯而已乎?'曰:'修己以安人。'曰:'如斯而已乎?'曰:'修己以安百姓。修己以安百姓,尧、舜其犹病诸。'"这不就是《尧典》的儒家思想版吗?值得注意的是,孔子并没有全然相信《尧典》对尧的赞美,他认为《尧典》说得有点儿过头。圣贤也是人,人按照一定的理想去做事,难免不完满,难免有缺陷。

春秋笔法:"王道"面前人人平等

孔子知言之不用,道之不行也,是非二百四十二年之中,以为天下仪表,贬天子,退诸侯,讨大夫,以达王事而已矣。

——《史记·太史公自序》

孔子与《尚书》的关系,更多的是孔子用《尚书》做教材,在教学生时提炼其思想精华。那么,孔子与《春秋》的关系,又是怎样的呢?有两种看法:一是认为有关系,一是认为没有关系。

后一种观点实际只是疑古思潮下的一个态度,并没有任何强有力的证据为支撑。其实早就有人说过,所谓孔子作《春秋》,并不是凭空而写,而是在鲁国原有《春秋》的基础上修订的,古人称此为笔削。孔子对《春秋》的文字加以修改增减,以此表达对历史事件、人物的"微言大义"。这些微言大义,据说当时孔子曾向一些学生口授,学生及学生的后学口耳相传,代代相传,就有了《穀梁传》《公羊传》这两本书。这两本解《春秋》的书,实际是到汉代才写定的。鲁国原来的那本《春秋》叫"不修《春秋》"。

例如《春秋·庄公七年》有"夏,四月,辛卯夜,恒星不见,夜中星霣（陨）如雨"的记载。《公羊传》解释说："不修《春秋》曰：'雨星不及地尺而复。'君子修之曰：'星霣如雨。'"那一年四月恒星突然不见，接着就落下了很多的陨石。原本的鲁国《春秋》说那些陨落如雨的星，在离地面一尺的时候又返回了。这是不可理解的，所以"君子"也就是孔子将"不修《春秋》"的记载，改成了"星霣如雨"，像下雨一样落下很多的陨石，意思就准确了。

古人言："《春秋》道名分。"孔子所修的《春秋》，是讲名分的。什么叫名分呢？就是"正名"思想，君要像个君，臣要像个臣。例如鲁隐公三年（前720年），周平王死了，《春秋》这一年记"秋，武氏子来求赙"，周大夫跑到鲁国来求赙，赙就是陪葬品。《春秋》把这件事写下来，表示讥讽、指责。周王室做这样的事情，不符合王者的身份。这就是道名分。

关于孔子作《春秋》，《孟子·离娄下》中说："王者之迹熄而诗亡，诗亡然后《春秋》作。"也就是说，孔子作《春秋》是接着"王官采诗"而来的，"王官采诗"活动结束，就有《春秋》出现。孟子又说："晋之《乘》，楚之《梼杌》，鲁之《春秋》，一也。其事则齐桓、晋文，其文则史。孔子曰：'其义则丘窃取之矣。'""王者之迹"的"迹"是说一种人，周王派他们到各地去采集反映民声的诗，采集以后拿回朝堂去演出，实际上就等于把各地的实际情况汇报到周王那里，有点儿像当今的报告文学。社会哪个方面出了问题，这些"报告文学家"挑一个典型人物或事迹，表现他们的境遇，揭示社会问题，用当地流行的曲调，谱成可唱的诗篇，上达朝廷，这就是"采诗观风"。孟子说，这样的王者制度没有了，各国的《春秋》一类的史书就开始记录各国的历史。晋国的史书叫《乘》，楚国的史书叫《梼（táo）杌》，鲁国的史书则叫《春秋》。它们所记录的事件都是齐桓、晋文这些霸主的事，行文则用史官的体式。孟子接着就说，孔子曾经明确表示过，他说："其义则丘窃取之矣。"隐含在文字、事件中的内涵，被孔子私下拿到了！很明显，孔子与一般史官不同之处在于，他注重把握历史事件、人物中所隐含的精神含义和人生真谛。这些话出自孟子，孟子离孔子很近，应该是可信的。

另外，在《孟子·滕文公下》中，孟子还转述了孔子这样的说法："世衰道微，邪说暴行有作，臣弑其君者有之，子弑其父者有之。孔子惧，作《春秋》。《春秋》，天子之事也。是故孔子曰：'知我者其惟《春秋》乎！罪我者其惟《春秋》乎！'"孔子说世道衰乱，人心坏了，大臣可以杀君主，儿子可以杀父亲，比动物世界还不如。人道堕落，孔子很恐惧，于是他作《春秋》。可是"作《春秋》"这样的事，这样的责任，本来是周天子该承担的，因为他有维护社会秩序的权责，谁犯了错误，记录下来，用权力加以纠正。孔子没有这个权力，但他有理解历史的权利，有评价历史上所有人、事的是非的权利。周天子做不了的事情，他可以拿起那春秋之笔来做。说起来，那支春秋之笔，原本孔子也没有资格拿，因为他不是职业史官。但是，周天子负不起应负的权责了，史官也不负责任了，但这个世界的是非还要有人管，于是，孔子以私人身份站出来管。这是"王道"与王权的分离，是有大风险的。所以孔子说，知我者，是因我作《春秋》；不知我者骂我，也是因为我作《春秋》。孔子说这些，其实是亮明自己的态度，是"知"是"罪"，由他去！人间正义的维持，再难再危险，也得有人做。这就是孔子的豪杰气概！

世界歪斜了，孔子要救这个世界。伊尹、周公，要救世界，用的是他们手中的权力，孔子靠什么？只有靠他的"春秋笔法"。再举个例子说吧。打开《春秋》，就是"郑伯克段于鄢"一句。句中的"克""郑伯"，都有含义。郑伯就是郑庄公，《春秋》为什么不称他"郑庄公"呢？因为他不像个君主。为什么不说是"郑克段于鄢"，而非要加一个"伯"字呢？那是因为讨伐段是郑庄公的私意，非郑国的国家意志。称他为"郑伯"，《左传》说："称郑伯，讥失教也。""伯"，在这里是大哥。有学者说是庄公的爵位。错。大哥负有教育引导弟弟的责任，可是郑庄公不然，称他"伯"，是挖苦他没尽好大哥之责。"郑伯克段于鄢"就等于说"哥哥打赢了弟弟"，这话多难听！春秋笔法要的就是这效果。"克"本义是"胜"，可我们今天还在说"克"这个"克"那个，或者说"克夫"，仍是很难听的词。"郑伯克段于鄢"，郑国的大哥克弟弟。弟弟叫段，怎么不称段为弟弟呢？因为他做人也实在不像个弟弟，所以只写他的名字段。在哪儿"克"的？在"鄢"。这一个"克"字，非常讲究，非常有力。原本周文化很重视兄弟情，尤其是同母兄弟。今天说的"朋友"这两字，有学者考证在金文里是指亲兄弟。另外，考古上有一个发现，周王朝建立之前，周人的墓葬，有的不是两口子埋在一起，而是把哥俩埋在一起。尚亲情，重手足，是周人固有的传统。《诗》篇里更是高扬兄弟之情。结果到了春秋初期，诸侯之家亲哥俩开始相克，老大处心积虑要把弟弟"克"了。一个"克"字，在这里，就是所谓的微言大义。这就是"春秋笔法"。

《春秋》的道名分，不是软的欺，硬的怕。《史记·太史公自序》对孔子作《春秋》的基本精神有过这样的描述："孔子知言之不用，道之不行也，是非二百四十二年之中，以为天下仪表，贬天子，退诸侯，讨大夫，以达王事而已矣。"孔子周游列国之后，知道自己的理想在现实中无法实现了，于是就用他的一支春秋之笔，给二百四十二年间的事，定一个是非，以为天下的仪表。司马迁说，为了维护是非，孔子的《春秋》不惜"贬天子，退诸侯，讨大夫，以达王事而已矣"。什么叫王事？就是王道。"王道"代表"真理"，不论天子，还是诸侯、大夫，谁做错了事，谁大胆僭越，谁恣意妄为，都要被贬斥、被声讨，标准只有一个，那就是"王道"，就是真理。

司马迁认为,这就是《春秋》精神。什么精神?在"王道"面前人人平等的精神。司马迁继承《春秋》精神,写作《史记》,受了官刑。因为什么?因为他给李陵说情吗?那是小事。有材料记载,司马迁写《景帝本纪》,就是汉武帝父亲的本纪,汉武帝读了以后,咬牙切齿。汉景帝为人阴险,做了不少见不得人的事,司马迁一一给记了下来。汉武帝一看,居然这样写我老爸,就要找机会报复,让司马迁断子绝孙。《春秋》精神在《史记》这儿是得到了继承,但到后来班固写《汉书》,就不行了。也可以说《春秋》精神到《史记》就断了。后来的史家,虽然有的时候也使点儿小伎俩,用点儿曲笔什么的,但都不能坚持《春秋》是是非非的大精神了。

礼仪与华夏:《春秋》丰富而开放的精神内涵

> 子欲居九夷。或曰:"陋,如之何?"子曰:"君子居之,何陋之有?"
>
> ——《论语·子罕》

孔子修《春秋》的基本精神具体表现在哪些方面呢?由研读《公羊传》《穀梁传》《左传》,也就是"春秋三传",可作如下简要的总结：

第一点，反对聚敛。像《春秋·宣公十五年》记载"初税亩"，《公羊传》《穀梁传》《左传》的解释，都是"非礼也"，都表示反对。为什么"初税亩"就"非礼"呢？增加税收，就增加了民众的负担，你没有取得民众的同意，就强行增加税收，而且是翻倍地增加，这就是聚敛，是暴政。所以《春秋》郑重地记录了下来。

第二点，反对用暴力手段灭人家宗祀、灭人家国家。要把那些灭了的国家恢复起来，把那些绝了的世系延续起来，把那些跑了的贤才请回来。春秋时期那么多经久远年代传下来的国家、族群，都被强国灭掉，孔子认为不人道。今天，我们也会对一个主权国家无端被强权灭掉表示愤慨，全世界也都会愤怒。在这一点上，孔子是有他的道理的。"己所不欲，勿施于人。"每一个家族、每一个民族都想延续下去，强权为了自己的私利，灭掉弱小的国家、族群，是不合理的。

第三点，赞美那些为捍卫文明做出贡献的人。例如管仲，对齐桓公霸业起了大作用。《论语》记载，孔子赞许管仲辅佐齐桓公"九合诸侯，一匡天下"，又说"微管仲，吾其被发左衽矣"！孔子这样的评价，就管仲的具体事迹而言，体现在《左传》，是鲁闵公元年（前661年）管仲言于齐侯曰："戎狄豺狼，不可厌也。诸夏亲昵，不可弃也。"诸夏危亡之秋，是管仲挑破沉闷，高举起民族大义的旗帜。体现在《穀梁传》，是鲁僖公九年（前651年）

对齐桓公召集诸侯"见天子之禁"的赞美。该年《春秋》经文有"九月戊辰,诸侯盟于葵丘"的记载,《穀梁传》说:"桓盟不日,此何以日?美之也。为见天子之禁,故备之也。葵丘之会,陈牲而不杀,读书加于牲上,壹明天子之禁,曰:'毋雍泉,毋讫籴,毋易树子,毋以妾为妻,毋使妇人与国事。'"一般齐桓公会盟,《春秋》不记日子,为什么这一次葵丘之会却记了"戊辰"的具体日期?《穀梁传》说,是因赞美此次会盟。赞美什么?其一,赞美这次会盟不强迫诸侯。其二,也是更重要的,此次会盟提出了"天子之禁",亦即提出了列国在处理国内外关系时所应遵循的准则。具体说有:不要堵塞泉水,不要阻碍遇荒年的邦国向邻国购买粮食,不要随意更换嫡子继承人的位子,不要以宠妾取代正妻的地位,不要让妇女干预朝政诸条款。《穀梁传》赞美这次会盟,赞美齐桓公,就是赞美会盟的实际谋划者管仲。从葵丘之会的主张,不难看出管仲的大志向,绝不仅限于攘除夷狄,他要匡扶的是已经倾斜的天下。

第四点,强调文明是判断华夏与夷狄的标准。孔子赞美管仲,是因为他捍卫了文明的生活方式。那么,孔子对"夷狄"是什么态度呢?是古希腊亚里士多德的"城邦之外,非神即兽"的态度吗?不是。孔子晚年,《论语·子罕》篇显示,不是"欲居九夷"吗?有人对他说:"陋,如之何?"那地方简陋落后,孔子不是回答"君子居之,何陋之有"吗?这起码表明,在孔子,夷狄虽然文化落后，却是可以改善的。夷狄既不是神，也不是兽，他们也是人。他们与华夏的区别，在孔子看来，只是文明的程度不同。孔子这样的精神，在作《春秋》口授大义时，应该传授给了学生。于是在《公羊传》中就表达了这样一个很重要的思想：谁是夷狄？谁是华夏？《公羊传》说，谁做事符合礼义的要求，谁就是华夏；谁不符合礼义的要求，谁就是夷狄。《公羊传》认为，就是周文王的直系子孙，也可能成为新夷狄。还说，当时的华夏就快要变成新夷狄了！

《公羊传》提出了一个区分人群的重要标准：谁是夷狄，谁是华夏，以文化分。

这是一个很开放、很理性的标准！谁是中国人，谁是外国人？谁遵循中国文化，谁就是中国人。文化至上，文化是一个绝对的标准。即使你是周文王的子孙，但如果做事像夷狄，那你就是夷狄！结合《论语》，如此开明的态度，应来自孔子对夷狄的看法。儒家有出息的后学，将孔子对夷狄的态度作为判别夷夏的标准，是发扬光大的表现。这样的标准，对后来我们中华民族几次大的融合作用巨大。举一个例子说，犹太人，进入欧洲千年，始终保持着自己的宗教和社区。但是，古代一支犹太人在北宋时期进入中国的开封，没有多少年，就融入中华民族的大家庭了。这是让西方人感到很吃惊的事，这与人群以文化划分的理性原则有密切的关系。

第十三章

『后其祝卜』『观其德义』：孔子赞《易》

中国有一部很古老的书叫《周易》，这本书本来是占卜用的。远古时代就有占卜。人类生活在一个三维空间中，不能预知未来。这样的局限性，就使得预测未来，既有哲学的探问，也有各种类似算命的瞎猜。中国古人探索之路就是占卜，还为此发明出了两种占卜方法，这两种方法分别是甲骨占卜和蓍草占卜。

甲骨占卜在中国起源很早。据考古发现，在距今七八千年前，就有在龟甲上面刻纹的情况，在裴李岗文化遗址曾发现一片龟甲，上面就画着一只像眼睛的符号。龟甲之外，也有使用牛的肩胛骨和其他骨头占卜的。占卜过程，通常要对龟甲或者牛骨进行一番整修，再在它的上面刻上一系列丁字形状的刻槽，写上所问之词，然后用火灼烧丁字处，烧到一定热度时，卜骨就"噗"的一下开裂，出现裂纹，占卜者就根据裂纹的形状来判断吉凶。

另外一种占卜的方式是使用蓍草。这就要用到算术，以五十根蓍草，拿出一根来不用，放在一边，也就是"卦一以象天"，然后把剩余的四十九根蓍草随意分成两部分，之后按四根蓍草一组地数，最后总会有剩余。把两部分的剩余加起来，会得出一个数字。把这个数量的草拿出来，把剩余的蓍草再分、再数，再得出一个数，再拿出来相应的数量。之后再将剩余的分为两部分，再数再余。最后把三次得出的余数加在一起，得到一个数字，这就是一个卦爻。如此算六次，得出六爻。之后还有变卦、不变卦的推算，很复杂。这些都记录在《易传》"大衍之数五十有五"那一节。用蓍草占卜的方法演变下来就成了《周易》这部书。就是说，《周易》本来是一本占卜算卦的书。可是，后来它却成了表达中国哲学思想的大著。这种转变是从孔子"赞《易》"开始的。

这就有一个问题，为什么能从《周易》当中生发出一套中国式的哲学体系，甲骨占卜为什么就不行呢？有学者研究这个问题，给出的答案是，占卜时龟甲爆破的裂纹，太没有规则，没人知道它会往哪儿裂开，龟甲的不同，以及灼烧温度和空气湿度不同，种种原因都会导致龟甲上的裂纹不同，难以预知。古代巫师靠那些裂纹占卜，若不是信口胡说，就是靠他对所占之事或人的观察与了解。察言观色往往是这类人吃饭的本事。人类认识事物总要有一定的规则依循，可是实在难以从甲骨占卜中看出一种规则来，但《周易》不同，用蓍草算，有数理规则可循。

五十以学《易》：孔子与《周易》的关系

> 孔子晚而喜《易》，序《彖》《系》《象》《说卦》《文言》。读《易》，韦编三绝。曰："假我数年，若是，我于《易》则彬彬矣。"
>
> ——《史记·孔子世家》

我们都知道，《周易》中有所谓的八卦，即乾、坤、震、巽、坎、离、艮、兑八个基本卦，又称为八经卦。八在中国是多、多样的意思，比如说四面八方、五行八作乃至胡说八道，其中的"八"都表示多甚至没边没沿的意思。八经卦代表了天地间的八种事物，乾代表天，坤代表地，震代表雷，巽代表风，坎代表水，离代表火，艮代表山，兑代表泽，每一卦都是取万物的象。八经卦两两组合，就组成了八八六十四卦，又称为六十四别卦。

以六十四别卦中的泰卦为例，泰卦由上下两个基本卦构成，上为坤，下为乾。乾代表阳、刚，坤代表阴、柔。两个卦一阴一阳，按照中国古代思想，阳在下，阴在上，阳要往上升，阴要往下沉，这就产生了一种交合，即事物都要回归它的本位上去，要各尽其性，阴要实现阴的性质，阳要实现阳的性质，它们一经交接互动，便会产生新事物。所以泰卦就代表了万物化合，天地交泰，是大吉之卦，故宫里就有交泰殿。与泰卦相反的是否卦，坤阴在下，乾阳在上，事物就没有发展性了。

从上面的例子可以看到，《周易》中的卦是有规则可循的，八卦无外乎阴阳、刚柔、内外等。因此，孔子和他以后的儒家先哲们才能从《周易》中阐发出有中国气派的哲学道理。

孔子早年似乎对《周易》不感兴趣，对占卜也一样。《论语》中记载，孔子曾经为此骂过一个人，这人名气很大，就是鲁国的重臣臧文仲。臧文仲这个人在鲁国有贤臣的声誉，政绩不错，但是孔子却看出了他的一个缺点。孔子说："臧文仲居蔡，山节藻棁（zhuō），何如其知也？"（《论语·公冶长》）什么叫"居蔡"？"蔡"就是占卜用的大龟甲，"居蔡"就是保存大龟甲。孔子说臧文仲盖了个极为华丽的房子，就为保存龟甲，这样做事的人，还有什么智慧可言呢！《论语》中也谈到过《周易》，孔子讲："南人有言曰：'人而无恒，不可以作巫医。'善夫！"又说："不恒其德，或承之羞。"还说："不占而已矣。"（《论语·子路》）这个"人而无恒"中的"恒"指的是恒卦，"不恒其德，或承之羞"是恒卦的卦辞，强调的是要有恒心。孔子这里说一个人要是没点儿恒心，就连巫医也做不成，是令人羞辱的，只要懂得了恒卦这一意义，那还用得着占卜求神问鬼吗？从这段话中我们可以看出，孔子对占卜、算卦一类事情是不以为然的。

孔子对《周易》的态度在他晚年发生过一次重大转变,从传世文献看,《论语·述而》中孔子说过:"加我数年,五十以学《易》,可以无大过矣。"就是说再给我几年来学《周易》吧,我可以使我的人生没有大的过错。《史记》也说孔子晚年好《易》,"读《易》,韦编三绝"。古代简册是用牛皮做的带子编连在一起的,孔子晚年反复读《周易》,简册的带子断了好多次。

在传世的儒家文献中,《周易》除了记录前面讲到的八八六十四卦,还有所谓的"十翼"。"翼"就是翅膀,引申为羽翼、辅助的意思。"十翼"就是对《周易》的注解,所以又叫《易传》。《周易》在中国古代的地位是很高的,"五经"中有它,"六经"中也有它,后来发展到"九经""十三经",《周易》一直都占据一席之地。打开"十三经",头一部经典就是《周易》,但到北宋出现了变化。

北宋的学风里有一种疑古思潮,这种思潮就是对经典的传统说法表示怀疑。汉代以来是经学的时代,经学的学风一直是老师怎么讲,学生就怎么说,讲经典要讲究家法、师法。独尊儒术以后,几百年的国家考试中一直坚持重师法、家法的传统。你若想做官参加国家的考试,得先问你学问的出处,你跟谁、从哪家学的经,考生要先报告这些信息。然后,根据你的师承来考你,回答问题时,要求必须用本门的学说作答。如果答成其他老师、其他门派的说法，对不住，就算你错！从汉代开始的这种考试方法到魏晋南北朝也还大体如此。但是到隋唐后就出问题了，隋唐结束了几百年的南北分裂，实现了大一统。可是，在南北朝时，南方重视的经学家和北方不一样，国家统一后科举要考经学，怎么办？于是，唐朝初年由朝廷主持，委任了一些学者，疏解汉魏以来各经的旧传师说，编成《五经正义》，成为官方承认的正统经典学说。科举考试的标准答案，就在这部书里面。

说起来，从汉到唐，特别重视经学，到了北宋，疑古思潮专门同师法、家法作对。关于《周易》的"十翼"，这时站出一个人质疑，他就是北宋文坛领袖欧阳修。欧阳修说，过去都认为《易传》是孔子作的，这样的说法有问题。他说，你看《易传》中总出现"子曰"，就明确地告诉人们，"十翼"的文字不是孔子的手笔！欧阳修这个观点好理解，我们现在写文章也总是引用某人说，恰恰就证明这个文章不是"某人说"的那个"某人"写的。欧阳修读书眼睛很敏锐，发现了这一点。实际上，在先秦时期，很多书不是"写出来"的，而是由老师说、学生记下来的，口称老师，很自然。所以，欧阳修的说法是他不了解上古文献形成的特点所致。

在古代，这个怀疑到此为止了。欧阳修以后的学者，研究《周易》大都还是承认"十翼"是与孔子有关的。而且，宋代欧阳修疑古，也是要回到经典本身去寻求理解的。宋学与汉学的一个区别，就在立意上，宋学更强调根据自己掌握的材料用自己的脑袋去读经，而不是不加思考地接受。总之，宋代起码还没有发展到由此否认孔子与《周易》关系的地步。然而，到了二十世纪初，情况发生了变化，"古史辨"兴起，新的疑古思潮出现了。疑古学者开始怀疑孔子与《周易》的关系，而且怀疑的声势相当浩大，同时还伴随五四以来"砸烂孔家店"的潮流。在《周易》问题上的表现，就是彻底否定孔子与《周易》的关系。

当时大名鼎鼎的学者钱穆在解释《论语》中孔子那句"加我数年，五十以学《易》，可以无大过矣"时就否定了其与《周易》的关系。钱穆从标点上解释这话，他说应该点成"加我数年，五十以学，亦可以无大过矣"，把"易"字换成"亦"，断到下一句去。"易"字写成"亦"，在汉代就有这样的做法，钱穆捡回了汉代的老版本，将本句解释为"加我数年，五十开始读书学习，我的人生也可以无大过了"。如此一来，这句话就和《周易》没关系了，就可以认为，孔子赞《周易》的说法是后人附会上去的。但是，钱穆这种解释是没有道理的，"加我数年，五十以学，亦可以无大过矣"这种话很明显与孔子自己说过的"吾十有五而志于学"相矛盾，孔子十五岁就立志学习了，又怎么会等到晚年再好学呢？

吾求其德：孔子如何看《周易》

子曰："《易》，我后其祝卜矣！我观其德义耳也。幽赞而达乎数，明数而达乎德。"

——《帛书易传·要》

《周易》到底与孔子有没有关系？这个学术史上的千古之谜，到了1973年开始峰回路转。这一年，湖南长沙马王堆汉墓遗址三号墓被发掘清理，发现了总量达十余万字的珍贵帛书文献。据推断，这些帛书是战国文献，其中就包括与《周易》相关的文献。在关于《周易》的文献中，有好几篇文字是孔子和学生或者后学讨论《周易》的内容。其中有一篇被定名为《要》，记录的是孔子和弟子子赣（就是子贡）谈《周易》的内容。这篇文章中写道："夫子老而好《易》，居则在席，行则在橐。"这是说孔子晚年的时候很喜欢《周易》，片刻不离，坐下来就放在席子旁，走路时就放在书袋里，已经到了痴迷的程度，这与《史记》"韦编三绝"的记载相符。

如此痴迷《周易》，引起了子贡的注意。子贡就问老师："夫子它日教此弟子曰：'德行亡者，神灵之趋；智谋远者，卜筮之繁.'赐以此为然矣。以此言取之，赐缗行之为也。夫子何以老而好之乎？"意思是，老师啊，您过去说过，没有德行的人才会整天求神问鬼，没有智慧的人才会整天占卜，学生我很是赞同。可是您现在怎么也整天拿着《周易》看个没完呢？孔子怎么回答？他说："《易》，我后其祝卜矣，我观其德义耳也。"回答很妙，孔子说：我看《周易》，把占卜这个事情放在后边，这个"后"在这里与"松柏之后凋"中的"后"同义，都是"不"的意思。既然不看它的占卜，那要看什么呢？孔子说要看里边的德义。

孔子还说："吾求其德而已，吾与史巫同途而殊归者也。"我们知道占卜这种事情是巫史的吃饭活计，巫和史本来就是一群人，干的都是占卜预知未来的营生，只是分工不同。有人烧骨占卜、算卦占卜，有人把占卜及其应验的情况记录下来，这样的文献后来就变成了史。今天，我们不是把甲骨文当作重要的历史文献吗？记录保存文献的人，随记录保存的范围扩大，就成了史；还在那里占卜的，就还是巫。到了汉代，司马迁所在的太史衙门里，还有一大批占卜、算卦、看风水的人。孔子这里说，我看《周易》是为了求其德，与巫史那些人看的是同一本书，走的却不是一条路，所得结果也不一样，我与巫史是"同途而殊归"。在传世的《易传》中有"天下同归而殊途，一致而百虑"的句子。

总之，马王堆帛书的出土，沉重打击了"古史辨"学派的说法。新材料解决学术问题，这是一个典型的例子。

孔子赞《易》：以哲学眼光读《周易》

> 危者安其位者也，亡者保其存者也，乱者有其治者也。是故君子安而不忘危，存而不忘亡，治而不忘乱，是以身安而国家可保也。
>
> ——《周易·系辞下》

那么，孔子又是怎样"赞《易》"的呢？赞者，辅助也，引导也。简单地说，赞《易》就是帮助人们理解《易》的哲理蕴涵。我们知道，《周易》本来就是占卜、算卦的书，可是孔子赞《周易》，不是看它的占卜，而是看它的"德"和"义"，实际上就是看《周易》中蕴涵的人生哲理。这正合孔子的先进性，是孔子的了不起之处。一个两千多年前的古人，面对一本算卦的书，能有这样的态度，实在称得上是化腐朽为神奇，点石成金了。今天的一些人，看《周易》还把它当作算卦的书。对这些人来说，几千年的进步算是瞎子点灯——白费蜡！

那么孔子对《易》又是如何化腐朽为神奇的呢？大约有如下几点吧。首先，从《周易》里，他发现了忧患情绪，忧患是人生重要的智慧。在传世本的《周易》中，孔子就说过，易的兴起是在中古。"中古"是就孔子而言,是指殷周变革之际。孔子认为,《周易》是"中古"时有忧患感的人作的。说忧患是人生智慧,是因为越是关心未来的人,越对未来没有把握,孔子说"临事而惧",就是指有忧患意识的人。做事之前大大咧咧,总觉得自己不含糊,没有不败事的。老话说,有"事前诸葛亮",有"事后诸葛亮",还有"带汁的诸葛亮"。带汁的,就是失败后哭鼻子的。不懂得忧患的人就容易成为"带汁的诸葛亮"。那么,什么叫忧患情绪?忧患是一种辩证的否定性思维,使人能够看到事物可以朝着好的方面转化,也可以向不好的方面转化,并对此担忧。忧患的价值在于激发人去思考,想办法促成事物好转,这是超前的思维,是着眼于未来的思维。

首先,孔子认定,《周易》八卦的创立是由于有忧患的意识。有了忧患情绪,就会有两种表现。一种是迷信的占卜,想通过算一卦决定未来的动作,就像《小二黑结婚》里那位二诸葛,通过看皇历来决定明天要不要种地。孔子赞《易》的目标,则是促成另外一种忧患的精神,那就是靠树立德义来趋避福祸。实际上《周易》本身并没有清晰地表达"忧患"这个概念,是孔子"赞"出了这一点。实际他是提醒人们,从事物发展的角度上关注未来,由此戒惕自己的行为,这才是忧患精神。

这一点,在《周易·系辞下》中也有很好的表达:"危者安其位者也,亡者保其存者也,乱者有其治者也。是故君子安而不忘危，存而不忘亡，治而不忘乱，是以身安而国家可保也。"这就是在讲忧患，安宁的时候不要忘了危险，存在的时候不要忘了消亡，国家治理得蒸蒸日上的时候一定要注意"逆水行舟，不进则退"，大好形势下往往掩盖着相反的趋势，有了警惕之心才可以安身保家。一个国家，一个社会，不向前，不发展，光是躺在老本上，是躺不了多久的，等到你发现自己落后了，就已经晚了！所以说"十翼"中有一种超前的、忧患的、着眼于未来的、寻求发展的情绪。这就是一种忧患的精神，"精神"与一般哲学概念不一样，中国人讲精气神儿，一个人活着就要讲一股子精气神儿，像孟子说的"志，气之帅也；气，体之充也"（《孟子·公孙丑上》），就是人要有精神。一个时代的领导者和他治下的人民，始终保持一种怎样的精神状态，对这个时代发展至关重要。

其次，以上是孔子对《周易》在精神层面上的理解，那么在纯粹哲学概念的角度，孔子又是如何理解《周易》的呢？孔子将"阴阳"观念与《周易》中的卦象结合起来，就有了"一阴一阳之谓道"的说法。事物的发生和发展是阴阳两种力量互相作用的结果，这里的"阴阳"就成了一种对世界的概括，成了世界上对立统一的两个方面，"阴阳"的概念是非常具有启发性的。任何事物都是两种力量在相互作用，事物的发展是因为其内在有动力、有冲突、有阴阳之间的平衡，这种平衡是动态的，是由不平衡到平衡，再到不平衡循环变化的。这是在讲事物的发展论，是从宇宙论、本体论的角度解释"一阴一阳之谓道"。从人生智慧的角度讲，凡是一件好事，它总会带着一个消极的东西，就像吃药，在治病的同时，也会带来或多或少的副作用，这里边就是一种阴阳辩证。这启发我们对待事物，不能只想好的一面。阴阳哲学是中国人理解事物的一个纲领性的东西，孔子在这个方面做了一个综合的工作，也就是把《周易》中神秘的、巫术的符示系统上升为对天地的概括。这就是孔子"观其德义"的表现，也是化腐朽为神奇的地方。

最后，孔子通过看《周易》，承认世界是变动的。老话说《周易》是"变经"，中国哲学史上也认为一阴一阳可以导致无限变化的可能。在马王堆出土的文献中，孔子曾高度赞美过龙。他说龙善变，可以上九天和仙在一起，也可以下深渊与蛇在一起，它可以极阳，也可以极阴。世界既然是"一阴一阳之谓道"的，那么人也应该顺着阴阳、顺着世界变化走。孔子这样的理解，表达了中国对世界的整体性理解，那就是世界是变化和连续的存在。我们知道，西方哲学发源于古希腊世界的小亚细亚，泰勒斯曾经提出水是构成世界的基质，在他之后，又有人说世界是由火构成的，再后来又有人说世界是粒子构成的。不管怎么样，西方最早的哲学家总是试图找到构成世界的最小的基质，致力于将世界上纷繁复杂的现象磨碎开去，以找到最终的那个基质。这是西方哲学的思维方式,他们不相信现象,坚定地认为现象背后一定有本质。这种信念带动了西方科学的发展,科学家们通过剖析现象来找出世界最基本的构成,于是原子论、真空论就出现了,形成了西方科学的基础。

中国人的世界观与西方人有很大不同,我们也知道金木水火土,不过古人从来不单独讲它们,从来不说世界是由金或水构成的。金木水火土在中国人这里,不是相生关系,就是相克关系。就是说,中国人总要把这五种物质放到一个动态系统中去考察,这样的思考方式在《尚书·洪范》篇里就有记载了。所以说"变化"也是中国哲学中的一个重要主题,孔子用它来阐发《周易》,从而提出一种变动的宇宙观、世界观。

当然,这种哲学观点不完全是由孔子发明的,在孔子之前就已有这种认识。孔子能独辟蹊径,将这种认识注入《周易》里,从而碰撞出新的学问,这是孔子的高明之处。

中庸之道:进德修业、改善世界的方法论

———·———

天命之谓性,率性之谓道,修道之谓教。

——《中庸》

最后一点要谈的是孔子哲学中一个很重要的部分，就是他的中庸思想。《论语》中讲过一些关于中庸的思想，但中庸这个词在《论语》中只出现过一次，而且是说"中庸之为德也，其至矣乎，民鲜久矣"（《论语·雍也》），说中庸之德太难了，一般民众不知道它已经很久了。当然，在《论语》中孔子曾讲到自己"无可无不可"，但是正面说到"中庸"二字就只有这一次。

以我个人的理解，中庸思想的提出与孔子晚年好《周易》有密切关系。尽管《周易》本身只是一本算卦的书，但它使用了一套有趣的符示系统，这套系统充满了一对对相生的概念。有阴必有阳，有刚必有柔，有内必有外，有吉必有凶，这些都是两两相对的，形成有趣的对偶。这样互相对峙的关系中，就有一个"中道"的问题。如在刚和柔的两极之间，就有一个不刚不柔、亦刚亦柔的中间状态。所以孔子在赞《易》时提出中道思想，实在是因为《周易》语言非常适合来表达"中道"这个重要概念。中道原则，说白了，就是做事尺度如何拿捏的智慧。因此也可以说，孔子晚年赞《易》，目的就是要建构儒家的实践论。中庸之道，是做事的智慧。

《论语》中虽然只提到过一次中庸，但是儒家却有一篇极为重要的文献，就是《中庸》。《中庸》是"四书"之一，按照《史记·孔子世家》和《孔丛子》等文献的说法，它是由孔子的孙子子思写的。孔子六十九岁时，孔鲤年五十而卒，在孔子七十三岁去世时，子思应该不是小孩子了，他自己是可以听祖父讲学的。据说子思在孔子去世后，访问祖父的学生，搜集孔子晚年与学生谈论中道原则的内容，由此写成了《中庸》这篇大文章，中庸之道就在《中庸》篇中得到了大规模的阐发。

　　孔子的中庸之道是什么意思呢？仍需要从孔子的赞《易》中获得理解。外在的事物总是充满了矛盾，变动不居，总是在阴阳、刚柔等两极之间变化。人也就要在这个纷乱的、两极化的、动态发展的、错综复杂的世界里找出一条平衡之道，即中庸之道，进而在这样一条道路上坚定地走下去，这就是"中道而行"，也就是"中庸"的意思。中庸者，中即中道，庸在这里就是以中为用，执中而行。《易传》讲"庸言之信，庸行之谨"，《中庸》里也有这句话，差异很小。"庸言""庸行"，就是符合中道原则的言语和行为。一个"庸"字，常使人想起庸庸碌碌，是的，中道而行，由不得人露才扬己，显示个性，采取的举措因为不偏激、不矫情，所以显得平平常常。但是，要准确地把握世界，抓住机会，就必须除掉主观、意气等能显露"我"的东西，平心静气，客观忠实，才能做得成事。相反，张扬夸诞，就是华而不实。《中庸》引用孔子的话说，"君子而时中"，什么叫"时中"？孟子赞美孔子，说他是"圣之时者"，就是能把握瞬息之间的平衡。就像打靶子，最初级的射手趴在地上打，人不动，靶子也不动；高级的射手，人在动，靶子也在动，能不能在这样的动态中，寻找到一个平衡点，考虑到靶子移动的速度，以及风速等外在的干扰因素，并在恰当的时机一枪命中，这就是"时中"。

在《中庸》这篇文献中，尤其是开头几段，应该有子思发挥的内容。这部分很重要，子思很有哲学天分，是他把从《易传》里的天地阴阳中获得的"中道"启示，发展成主体的心性建构问题，意义重大。《中庸》开篇就说"天命之谓性，率性之谓道，修道之谓教"。以及"喜怒哀乐之未发，谓之中；发而皆中节，谓之和；中也者，天下之大本也；和也者，天下之达道也。致中和，天地位焉，万物育焉"。这些话有点儿抽象，特别是其中的"已发""未发"，各种注本和解释围绕着它不断纠缠。

前边讲孔子与《诗经》的关系时说到，孔子与子夏对人性有一个发现，叫"礼后乎"。人类为什么有礼乐文明？因为我们有个"美质"人性的好底子。正是人性的这种高明才保证出现了文化、文明。"天命之谓性"，这个"性"指的就是我们高出一般动物的那点儿人性，是老天爷单独给我们的。沿着这个人性走下去就是"道"，修这个"道"就是"教"。《中庸》接下来说，人生下来都会有喜怒哀乐各种情绪，当我们把这些情绪适度地表现出来时就需要"和"。这就是说，人类生而就有各种各样丰富的情绪，这些情绪都潜藏于人性之中，小孩子"哇"地一降生，就先天带来了。只要智力没问题，一生下来，喜怒哀乐等，就在一个活脱脱的生命中了。这就叫"未发，谓之中"。老天很公平，给了每个人一样的情绪系统。发达的情绪系统会随生命成长，逐渐发挥作用，这时就容易出问题，因为作用有好有坏。所以重点不在于"未发，谓之中"，那是遗传的结果，是人类进化的结果，重点在于怎么把这个情绪控制好，也就是"发而皆中节，谓之和"。为什么同样是人，同样面对纷繁复杂的世界，有的人成就大，有的人成就小，刘邦、项羽争天下，为何最终刘邦赢而项羽就输呢？论才气，项羽比刘邦大得多啊！

这就涉及一个心性的修养问题，也就是控制情绪。情绪是魔鬼，我们今天说处置任何事，一旦让情绪做了主，处置的手法就会失当，就会不得要领。在这个充满阴阳刚柔、复杂多变的世界中，要想善于应变，需要首先建构好自己的精神主体，控制好自己的情绪。这就需要修养，需要经历，需要磨炼，这就是儒家所说的"致中和"。

《中庸》中接着说"致中和，天地位焉，万物育焉"，人做事，就是主观世界影响客观世界。主体"致中和"，措施得宜，属于客观世界的万物就会各归其位，这就是"赞化天地"。否则，就是乱来，世界要大乱。西方古希腊哲学讲究的是理性控制情绪，中国人却说中庸，说对喜怒哀乐的"致中和"，不说理性，其实"致中和"就是理性状态。《大学》也有阐述中道而行的内容，如谓一个人对自己的手下，你爱他，对他的评价、使用就不得其正，就会偏心眼；你恨他，也不得其正，还是会偏心眼；你怕他，也会不得其正。可见，只要是让情绪做主，就会不得其正，只有把情绪中和起来，才是中道，与西方所说的理性控制情绪异曲同工。

看来孔子赞《周易》的结果，不仅提出了对于客观实际的理解，更提出了一个进德修业、改善世界的方法论，也就是"中庸之道"。

第十四章

「弟子弥众,至自远方」:孔子和他的门徒

在政治上，终其一生，孔子都是不得意的。作为政治家，他没有获得成功。然而，孔子还有另一重身份，他是一位打破了教育垄断、率先办私学来教书育人的老师。而且到了晚年，孔子应该收获了一份作为老师特有的幸福，那就是亲眼看到自己的学生在各方面取得了卓越的成就。《史记·孔子世家》记载过一组数字，很有名，也很震撼："孔子以诗书礼乐教，弟子盖三千焉，身通六艺者七十有二人。"三千弟子，七十二贤，这样的成就真是前无古人，后无来者。

文献记载，孔子从中年开始就做老师了。《史记·孔子世家》中提到过"孔子不仕，退而修诗书礼乐。弟子弥众，至自远方，莫不受业焉"，此时应该在鲁定公五年到八年之间（前505年至前502年），孔子四十七八岁。从此时或更早，就有不少学生从各地慕名前来，拜在孔子门下。按司马迁的说法，孔门弟子大大小小、林林总总加一起，有三千之众。其中可能有在籍、不在籍之分。

以孔子"自行束脩以上吾未尝无诲焉"的态度,有些学生可能不在籍。司马迁"三千"之说是虚数,是为了显示孔子教学对象的广泛,应该包括了那些不在籍者。

孔门教育有"四科十哲"之说。什么是"四科十哲"呢?"四科"指德行、言语、政事、文学四门科目,"十哲"是四科学习中的佼佼者,有十位,他们的名号都很响亮。"四科十哲"说法源于《论语》。在《论语·先进》中说:"子曰:'从我于陈蔡者,皆不及门也。'德行:颜渊,闵子骞,冉伯牛,仲弓。言语:宰我,子贡。政事:冉有,季路。文学:子游,子夏。"德行科主要讲修君子之德,代表人物是颜渊、闵子骞、冉伯牛、仲弓;言语科重在培养学生在各种场合交际时的语言能力,这方面最突出的是宰我、子贡;政事科就是学习处理各种事务,孔门是最早设立"管理学"的"私立大学",冉有和季路都是这一专业的翘楚;最后一科即文学科,与现今的"文学"概念有很大不同,这里的"文学"指的是关于典章制度、经典文献等的知识,精通这方面的两位是子游和子夏。这就是所谓的"四科十哲"。唐玄宗开元八年(720年),朝廷下令,"十哲"得以配祀孔子。后来又发展出所谓"四配十二哲",就是在原来"十哲"的基础上递补六位。今天我们去曲阜孔庙,还可以看到这十六位的雕像。

孔子列举"四科"中的"十哲"应该是在他晚年,可是像曾子、公冶长等都没有被列入。就是说,"四科十哲"固然是孔门子弟中的高才,但高才似乎也不限于这十位。不过,方便起见,我们还是从这"四科十哲"说起。

颜渊好学:不迁怒,不贰过

哀公问:"弟子孰为好学?"孔子对曰:"有颜回者好学,不迁怒,不贰过。不幸短命死矣。今也则亡,未闻好学者也。"

——《论语·雍也》

"四科十哲"中的首位是颜渊。颜渊的父亲叫颜路,也是孔子的学生,颜渊大概从小就跟着孔子学习。孔子很喜欢颜渊,文献记载孔子说过这样一句话:自从颜渊到了我的学堂,同门之间的团结明显提升了!在《论语》中,孔子对颜渊也有不少夸赞。在《论语·雍也》篇中鲁哀公问孔子:"弟子孰为好学?"孔子回答说:"有颜回者好学,不迁怒,不贰过。不幸短命死矣。今也则亡,未闻好学者也。"这里孔子讲了颜渊"好学"的两大特征:不迁怒,不贰过。

颜渊好学这事,《论语》中数次提到。《论语·子罕》篇说:"语之而不惰者,其回也与!"说与颜渊谈学论道,一天下来,他一点儿疲惫之态都没有,这只有颜渊做得到。这话后面还有一句,

"惜乎！吾见其进也，未见其止也。"可惜呀！他死了。我只见他进步，从未见他原地踏步。颜渊学习劲头很恐怖，这种劲头最终把他自己累死了。传说颜渊很年轻时就已经须发皆白，后来英年早逝，死在了孔子前面。孔子后来提倡"一张一弛，文武之道"，大概也有对自己心爱的弟子早逝而惋惜的原因吧！

什么是"不迁怒，不贰过"呢？"不迁怒"其实就是中道原则，调节情绪。老话说"怒于室者色于市"，在家里生气跑到市面上去发脾气，这就是迁怒。人都有情绪、有脾气，这是正常表现，但不能让不良的情绪滋长、泛滥，这就是人格修养。颜渊不但能不迁怒，他"不贰过"的能力也很棒。一个人能做到同样的错误不重犯，这种人一定是非常善于总结经验、善于从错误中学习的。人生在世，绝对不犯错误难以实现。人能够追求的是少犯错误，从错误中吸取教训，迅速改正，下次遇到同样的问题时，可以避免犯同样的错误。这就是孔子所说的学习。学习什么？学习做人。学做人就是修身，就是在历练中进德。这是儒家十分重视的生命的学问。

孔子不只称赞颜渊好学，也很欣赏颜渊的人格。《论语·雍也》篇中孔子说："贤哉回也！一箪食，一瓢饮，在陋巷，人不堪其忧，回也不改其乐。贤哉回也！"颜渊真可谓贤人呀！他能在常人难以忍受的贫困中自得其乐，这就是儒家要求的"贤"，耐得住贫穷也是能力！同时，《论语·述而》中记载，孔子也说过自己:"饭疏食饮水,曲肱而枕之,乐亦在其中矣。不义而富且贵,于我如浮云。"吃粗粮,饮清水,枕着自己的胳膊睡觉,我也能乐在其中,不合道义得来的富贵,对我而言如同浮云而已。这师徒俩都能安贫乐道,后来宋儒就经常谈"孔颜乐处"。有学者认为,中国古代文化是"乐感文化",它与佛教讲"人生即苦"不同,强调的是安贫乐道。在逆境、困苦中能不失自我,保持自我人格的完整,这就是儒家最看重的精神。另外,孔子和颜渊有共同的乐趣,正是两人志趣相同的表现。他们是师生,也是意气相投的朋友,知己难觅,正如禅家所谓:"向十字街头叫云:'土旷人稀,相逢者少。'"(《五灯会元》)人生相逢难,相知更难,像孔子、颜渊这样的师生关系实在是太难得,他们是非常幸福的!

孔子对颜渊也有过不满意的地方,《论语·先进》篇说:"回也,非助我者也。于吾言无所不说。"说颜渊在课上对我没什么帮助,对我说的话不提意见。这可能是说颜渊上课不大提问。但孔子又说:"退而省其私,亦足以发,回也不愚。"说我们讲的道理,颜渊自己能理解得很好,生活中还能以所学来约束自己,确实不错!

孔子对颜渊的喜爱之情溢于言表,那颜渊对孔子又是如何评价的呢?《论语·子罕》记载说:"颜渊喟然叹曰:'仰之弥高,钻之弥坚。瞻之在前,忽焉在后。夫子循循然善诱人,博我以文,约我以礼,欲罢不能。既竭吾才,如有所立卓尔。虽欲从之,末由也已。'"这段话不长,却说得层次十分清楚:先说夫子的学问越看越崇高，越钻研越艰深，而且变幻莫测，不好把握。接着说夫子是个好老师，循循善诱，教我知识，教我做人。再说自己的感受：这些学问太有意思了，每每都让我学得欲罢不能。把自己全部的精力放在学习上，好像有那么一点儿收获，但要想跟上老师的脚步就太难了！这里可以看出，颜渊在学习上颇有点儿舍生忘死的精神，他学习太上瘾，最终为此透支了生命。

孔子曾经说颜渊可以"三月不违仁"，他能三个月都像个仁者，其他人能坚持一两天就不错了，这话是说颜渊境界之高。颜渊死后也拥有很高的地位，魏晋南北朝人尤其喜欢颜渊，说他是"复圣"，就是继孔圣人之后第二个荣登圣人宝座的人。还有学者甚至说颜渊的才智比孔子还高，孔子达到圣人境界还用了好几十年呢，颜渊最多也就用了一二十年，因为他四十岁就去世了！毋庸置疑，颜渊的死很可惜，孔子说："苗而不秀者有矣夫！秀而不实者有矣夫！"一棵好庄稼长了个苗没吐穗，吐了穗没结果，令人哀伤！有人认为这话就是在痛惜颜渊。

闵子骞、冉耕、冉雍：孔门的德行科

子骞早丧母，父娶后妻，生二子。疾恶子骞，以芦花衣之，父察知之，欲逐后母。子骞启曰："母在，一子寒；母去，三子单。"父善之而止。母悔改之,后至均平,遂成慈母。

——《韩诗外传笺疏》

颜渊排在德行科之首。排第二的是闵子骞,这也是个修养很好的人。孔子说:"孝哉闵子骞!人不间于其父母昆弟之言。"(《论语·先进》)说闵子骞大孝呀,他的父母兄弟再怎么称赞他孝顺,旁人都很信服,不会觉得有什么夸张的成分。俗话有,"黄鼠狼夸孩子香,刺猬夸孩子光",做家长的就是看不到自己孩子的缺点,评价自己的孩子往往过高。《大学》不也讲"人莫知其子之恶"吗?那就是"孩子是自己的好"的意思。可闵子骞就不同。他的父母夸他,人们都相信,都没有异议,足见这人是真孝顺,人所共知,心悦诚服。

那么,闵子骞究竟怎么孝顺呢?《论语》没有说。在儒家其他典籍中,有一则闵子骞大孝的故事。闵母早逝,闵父再婚,闵子骞的继母又给闵家生了两个儿子。这就要出问题了。闵家本不富裕,继母总会偏向自己的儿子,别人的儿子就要受点儿罪了。冬天给孩子做棉衣,继母给闵子骞用的是芦花,看上去厚实,但不保暖。有一次闵子骞穿着这样的棉袄给父亲驾车,手冻麻了,鞭子拿不牢,掉在了地上。闵父不明缘由,很生气,觉得儿子是废物,就给了闵子骞一鞭子。这一下可好,棉袄里的芦花就露了出来。闵父一看,儿子受了继母的虐待!回家就要休妻。这时候，闵子骞说话了，他说："母在，一子寒；母去，三子单。"他是说，这位继母在，只是我一个人受冻，可要把她休了，我们哥仨可就要一块儿受冻了！这话很实在，也很有智慧，不仅感动了他父亲，还感动了他继母，当然也感动了后世很多的读者。

冉伯牛叫冉耕，德行科排名第三，这人不仅死得早，而且死得惨。《论语·雍也》中说伯牛病重，孔子去看他，隔着窗户拉着自己学生的手哀叹："亡之，命矣夫！斯人也而有斯疾也！斯人也而有斯疾也！"意思是，我这个学生这样好，怎么就得了这么个病呢！由此推断，冉伯牛大概是得了不治之症去世的，孔子也只能感慨天命难违。

德行科中最后一位是仲弓，仲弓就是冉雍，他在《论语》中也反复出现。孔子在《论语·雍也》篇中说过"雍也可使南面"，说我的学生仲弓宽宏简重，有人君之度量。这话本身说得有点儿不讲道理，但确实是对仲弓的高度赞扬。

宰我与子贡：孔门的言语科

子贡问政。子曰："足食，足兵，民信之矣。"子贡曰："必不得已而去，于斯三者何先？"曰："去兵。"子贡曰："必不得已而去，于斯二者何先？"曰："去食。自古皆有死，民无信不立。"

——《论语·颜渊》

孔门言语科头一名是宰我，又叫宰予，他在《论语》中常出现，但总是在挨骂。头一次是在《公冶长》篇中"宰予昼寝"一段，说他白天睡觉，孔子就批评他"朽木不可雕也，粪土之墙不可杇也"，还说"始吾于人也，听其言而信其行；今吾于人也，听其言而观其行。于予与改是"。我原来听人说什么就信什么，现在我改了，听了话，还得看看他的行为。还有一次，在《阳货》篇中，宰我质疑三年之孝，他说："三年之丧，期已久矣。君子三年不为礼，礼必坏；三年不为乐，乐必崩。"宰我认为孝期三年太长了，应该把守孝之期改为一年。孔子对此十分愤怒，说宰予这个人实在太不仁了，"子生三年，然后免于父母之怀。夫三年之丧，天下之通丧也。予也有三年之爱于其父母乎？"意思是，你出生三年才能离开父母的怀抱，父母死了，给他们守三年的丧，不是应该的嘛！在孔子看来，给父母守丧这事不是体制问题，而是良心问题，宰我质疑三年之丧实在没有良心！

上面两个故事里，宰我的形象都不大光彩，可他后来还是入选"四科十哲"，而且占据言语科之首，可见此人应该是有过人之处的。《论语》中宰我总是被批评，可能跟他善言语、喜欢质疑老师有一定关系。不过，也有学者给宰我平反，说"宰予昼寝"

的"昼寝",不是白天睡觉的意思,那个"昼"应该是"画"字。宰我是在寝室墙上画画,繁体字的"画"和"昼"很像。孔子也不是骂他烂泥扶不上墙,而是说粪土之墙再怎么抹也不好看,是骂他瞎耽误工夫。

　　排在宰我之后的是子贡,子贡的名声就比宰我好得多了,而且他在政坛和商界的表现都很不错。就《论语》看,子贡很聪明,具体表现就是看问题有见地。《论语·子张》篇中子贡说:"纣之不善,不如是之甚也。是以君子恶居下流,天下之恶皆归焉。"这话说得很通透,说商纣王其实也没那么坏,可因为他做过坏事,就让自己陷入不利的境地,于是后来人就把所有的坏事都推到他身上去了。从这话可以看出,子贡有一双慧眼,能够看清迷雾之后的本质。

　　子贡在学习上也有优点,他善于问问题,常给孔子出"选择题",而不是出"问答题"。出问答题,像司马牛,问孔子什么是"仁",孔子就说,仁者说话迟缓谨慎,这就是司马牛出问答题的结果。看人家子贡怎样问问题。《论语·颜渊》篇记载,子贡向孔子询问如何治国,孔子回答:"足食,足兵,民信之矣。"说有足够的粮食和武器装备,再取得百姓的信任就可以了。一般人问到这儿就结束了,可子贡追问:"必不得已而去,于斯三者何先?"如果必须去掉一个呢?孔子回答:"去兵。"子贡继续问:"必不得已而去,于斯二者何先?"孔子说:"去食。自古皆有死,民无信不立。"说国家可以没有粮食，但不能失去百姓的信任。子贡善问问题的例子很多，再如孔子讲"忠"和"恕"，子贡要问出个究竟，就对老师说："有一言而可以终身行之者乎？"他让孔子二选一，孔子就说："其恕乎！己所不欲，勿施于人。"大概是恕吧！

子贡不但善问问题，还很会回答问题。《论语·公冶长》中记载，孔子有次问子贡："女与回也孰愈？"说你和颜回比哪个聪明呀？子贡回答："赐也何敢望回？回也闻一以知十，赐也闻一以知二。"说我哪比得上颜回呀！他能以一推十，我只能以一推二。这话很妙，逗得孔子也马上说："弗如也！吾与女弗如也。"不如呀，不如！我和你都不如！这话看上去是赞美颜渊，实际上也肯定了子贡的自知之明。

子贡在外交上才华出众。孔子晚年，鲁国国力较弱，霸主吴国在接见鲁国使者时态度总是很傲慢，搞得每次出使吴国时都没人愿意去。这个时候子贡站了出来，他在吴王面前为鲁国周旋，应对吴国的种种不平等要求，还凭借三寸不烂之舌挑起过吴、齐两国之间的战争，"存鲁，乱齐，破吴，强晋而霸越"（《史记·仲尼弟子列传》）是子贡的重要政绩。子贡活跃于政坛的时候，孔子还在世，他对自己这个学生的成就应该很欣慰吧！这样的幸福只有老师才能有。

子贡还有一大特点，就是会做买卖。《论语·先进》篇中孔子说:"回也其庶乎,屡空。赐不受命,而货殖焉,亿则屡中。"说颜渊学道学得很不错,就是总受穷;子贡不甘心贫困,没有政府授权就做买卖,卖什么,什么赚。子贡在生意场上是天才,做生意总能赚钱,用现在的话讲就是极具投资眼光。孔子这里并没有批评的意思,他只是对颜渊的穷和子贡的能赚钱这种德与利的不统一,感觉奇怪而已。孔子逝世后,子贡一直活跃在曹、卫、齐、鲁之间,干的就是贱买贵卖的营生,后来成了富甲天下的大儒商。《史记·货殖列传》篇是专门记载两周至汉代大商人的文章,其中就有子贡。大家看,孔门儒生中也出大商人,可见儒家思想的初衷并不是要阻碍经济发展。《论语》显示,孔子并没有因为子贡善于做生意,就痛斥或者开除他。相反,他还称赞子贡有经济头脑呢!

聪明伶俐是子贡的特点,还有一点,他对孔子的情感很真挚纯厚。《史记·仲尼弟子列传》载,孔子晚年最后的时刻是子贡陪伴在身边的。孔子去世后,其他同学为老师守孝三年,三年期满大家洒泪而别。然而,子贡又守了三年。现在到"孔林"参观,还有一间叫"子贡庐墓"的小房子,当然这是后人为了纪念子贡盖的。今天的曲阜,有一种树名为楷木,本地读"皆",故老相传,是当年子贡带到鲁国亲手种下的,由此这里才开始有这种树。

"李逵"一般的子路：孔门的政事科

子曰："由之瑟奚为于丘之门？"门人不敬子路。子曰："由也升堂矣，未入于室也。"

——《论语·先进》

孔子门下政事科的前两名是冉有和子路，两人性情很不同，冉有最终背叛老师，走上了帮助季氏家横征暴敛之路；而子路始终赤诚真挚，与孔子亦师亦友。冉有的事后面再谈，这里先谈子路。

子路名仲由，他的出身很低贱，是个野人，就是世代居住在卞（今山东泗水）这个地方的农民。据记载，子路只比孔子小九岁，生性好武，是很粗犷豪爽的人。未进孔门之前，总喜欢戴着雄鸡冠式的帽子，佩戴公猪皮鞘的宝剑。他和孔子的相识很有戏剧性，《史记·仲尼弟子列传》记载说："子路性鄙，好勇力，志伉直，冠雄鸡，佩猳豚，陵暴孔子。孔子设礼稍诱子路，子路后儒服委质，因门人请为弟子。"子路很有点儿喜欢撒野的小霸王气，看孔子儒生打扮，就想"陵暴"一下，可是却让孔子轻而易举地给拿下了，从此就拜在孔子门下，做了孔子一辈子学生。出身郊野的粗鄙之人，心地善良，性情质朴，横冲直撞做小霸王。但是因为对真善美的憧憬，遇上孔子，稍微给他显露一下人正道的真意，赤诚的子路，马上就可以领略，并因此对老师一服永服地追随下去了！

前面说过，孔子好学，他对"学"的论述在《论语》中多有精义。其中关于"六言六蔽"的述说，就是讲给子路听的。孔子在子路的教育上，是下了功夫的。《论语·阳货》篇记载，孔子问子路：你知道"六言六蔽"的说法吗？子路回答不知道。孔子说，你坐下，我讲给你听。然后孔子就说了："好仁不好学，其蔽也愚；好知不好学，其蔽也荡；好信不好学，其蔽也贼；好直不好学，其蔽也绞；好勇不好学，其蔽也乱；好刚不好学，其蔽也狂。"一个人单拥有仁、智、信、直、勇、刚的品质是不够的，还要在这个基础上好好学习，否则仁、智、信、直、勇、刚就会变成愚、荡、贼、绞、乱、狂。如前所说，这是《论语》中有关学习意义的一段很深刻的论述。孔子以此教导子路，要通过学习将自己的好品质上升到品德的高度。

子路也没有辜负老师。《论语·雍也》篇记载孔子回到鲁国后，执政者季康子问他："仲由可使从政也与？"子路这人可以从政吗？孔子回答："由也果，于从政乎何有？"子路他很果敢，当然可以从政啦！我们看，子路是一个本性勇猛的人，所谓"好勇不好学，其蔽也乱"，但经过孔子的教导，子路的"勇"提升为

"果",最终成为一位果敢能断事的从政者。孔子的教育是成功的,子路果然是一块上好的璞玉。

子路还是讲信用的典范。《论语·颜渊》篇有:"子曰:'片言可以折狱者,其由也与?'子路无宿诺。"说只言片语就可以断案的,大概只有子路吧!他有信誉,说到做到!"宿诺"指隔夜的诺言,"无宿诺"就是言出必信,绝不拖延。生活中邻里之间为一点儿小事闹纠纷,民事官司打到子路这里,子路一句话就给解决了。其实子路不是断案天才,他凭借的是自己的信用,是老百姓对他的信任。关于子路的诚信还有个故事,见于《左传·哀公十四年》。这一年,小邾国有个叫射的,带着自己国家中句绎这个地方的档案卷宗投奔了鲁国。鲁国执政的季康子等人很高兴,就打算与射签个约定之类的文件。不想这位小邾射不同意,他说:"使季路要我,吾无盟矣。"季路就是子路,他说你们让子路来,只要子路给我个承诺就行,根本不用结盟!冉有就把这事转告给子路,子路坚决拒绝,他说:"鲁有事于小邾,不敢问故,死其城下可也。彼不臣,而济其言,是义之也,由弗能。"子路说:"如果鲁国要攻打小邾国,我会什么也不问,战死城下也无妨,但现在,射的做法是叛国行为,属于不义,跟他做承诺,就是承认他合理,我做不到!"国家公卿的约定,小邾射不信,反而相信一位布衣汉子的诺言,子路的信用可见一斑了!

子路与孔子的关系很特别,他们之间,亦师亦友。孔子总骂子路，《论语·先进》篇："子曰：'由之瑟奚为于丘之门？'门人不敬子路。子曰：'由也升堂矣，未入于室也。'"孔子讥讽子路瑟弹得不好还敢到自己家门口来班门弄斧，结果其他门人听了这话也"不敬子路"。孔子知道后就说，子路这个人已经登堂了，只是还不够精深，未能入室而已。言外之意，你们这群人堂还没登，顶多在院子里站着，没有资格看不起子路！

在《论语·公冶长》中还记载了一个故事，更能说明孔子与子路之间有趣的师生关系。孔子说："道不行，乘桴浮于海，从我者，其由与！"要是我的主张行不通，我就坐木筏子到海外去，到时跟从我的大概只有子路吧！子路听了这话很得意，不过，孔子说话大喘气，还有后话呢，他说："由也好勇过我，无所取材。"我不要他，他除了比我勇，对我实在没有用处！师生之间不只是开玩笑，有时还吵架。例如，孔子周游列国，在卫国时，他要见卫灵公的老婆南子，是子路站出来反对的。《论语》说子路"不说（悦）"，是动了脾气的，学生动脾气，老师呢？"夫子矢之曰：'予所否者，天厌之！天厌之！'"我们可以想象一下，孔子八成是跺着脚发誓的！

这就是孔子与子路师生间关系的特别之处了。像孔子见南子这样的事，其他学生心里未必不犯嘀咕，但碍于师生情面，他们不会说。子路不同，他与老师年岁差不太多，大概也是多年师生成兄弟，有话憋不住，难免挨骂。有时孔子的话说得还很难听。

《论语·先进》篇载:"闵子侍侧,訚訚如也;子路,行行如也;冉有、子贡,侃侃如也。子乐。'若由也,不得其死然。'"这里的"行行"是刚强的意思,说闵子骞、冉有、子贡这些人在我身边都挺好,唯独这个子路总是一副刚强的样子,这样的人会不得好死吧!这话对一般学生,孔子是不会说的,如此直言,是因为他与子路相契甚深。

《论语》中孔子与子路的关系,总让人联想起《水浒传》中的一对人物:宋江与铁牛。铁牛就是李逵。小说中宋江总是骂铁牛,为什么呢?因为他总能从铁牛身上看到原来的自己。宋江这个人原本也是块儿岩石,有棱有角,后来在生活的冲击打磨下,变成了鹅卵石。可是他那点儿本性,还深藏在圆滚滚的石头里,有机会还要发作一下,你看他浔阳江头喝醉了酒,题诗"敢笑黄巢不丈夫"!这会儿的宋江多像铁牛!宋江骂铁牛,是因为铁牛身上有他自己的影子。孔子说子路"好勇过我",大概也是从子路身上看到了最深层、最本真的自己。在生命的气性上,孔子何尝不好勇?他这个人,面对社会的不义,要挺身而出,何尝不是大勇敢的豪杰气派!但是,孔子毕竟修了君子之道,早已深知单凭勇敢,对缔造圣贤之业,是无济于事的。但勇敢毕竟是他生命的底色,还会多多少少、有意无意地影响他对人、事的态度。总之,看《论语》,孔子和子路之间应该是一种气命上的相通。这与孔子、颜渊在志趣上的投合有别,但都是难得的师生关系!

育人无数，各有才华：孔门的文学科及其他弟子

> 微虎欲宵攻王舍，私属徒七百人，三踊于幕庭，卒三百人，有若与焉。及稷门之内，或谓季孙曰："不足以害吴，而多杀国士，不如已也。"乃止之。吴子闻之，一夕三迁。
>
> ——《左传·哀公八年》

孔门文学科代表人物有子游、子夏。子夏的故事前面讲过，这人很聪明，对经典有独特的理解，"礼后乎"的说法，是他理解经典的神来之笔。子游，比孔子小四十五岁，是孔子后期弟子中的佼佼者。他当过武城宰，《论语·雍也》记载孔子曾问他："女得人焉尔乎？"说你在武城这个地方得了什么人才吗？子游就回答："有澹台灭明者，行不由径，非公事，未尝至于偃之室也。"说我得了澹台灭明，这个人走路从来不抄小路，没有公事，也从来不到我的办公室来找我套近乎。澹台灭明这人固然不错，子游能够发现这样一个不巴结自己的人，还能从他身上看到美德，子游的境界也不俗。

孔子的弟子实在太多，这里无法一一讲，我们再挑两个有特点的人来说。

先说有若，有若也是孔子晚年收的弟子之一，他这人很有意思，行为举止都有点儿像孔子。据《史记·仲尼弟子列传》记载，孔子死了以后，弟子万分思念老师，于是就办了件糊涂事，把与孔子有些相似的有若奉为他们的假老师，摆那儿当真老师来拜。后来是曾子站出来反对，才算作罢。有若这人其实有思想也有才干，《论语·颜渊》篇记载鲁哀公曾经问他饥年开支不足怎么办，他回答说："百姓足，君孰与不足？百姓不足，君孰与足？"这是一个藏富于民的思想，很有见地。另外，有若还参加过鲁国的敢死队。鲁哀公八年（前487年），吴王夫差率兵入侵鲁国，面对强兵压境，鲁国将领微虎组织了一支三百人的敢死队，计划夜里去刺杀吴王夫差，有若也参与其中。后来有个大臣说，千万不能让这支敢死队去刺杀吴王夫差，不仅难以成功，而且还可能白白枉送这么多国士的性命。虽然刺杀计划没有实施，但吴王夫差听到鲁人想要刺杀他的消息，连夜撤兵，"一夕三迁"（《左传·鲁哀公八年》）。

再说公冶长，他既是孔子的弟子，也是孔子的女婿。《论语·公冶长》载，孔子很欣赏公冶长，说他"虽在缧绁之中，非其罪也"，即使这个人身陷囹圄，我也坚信他没有犯罪，就把女儿嫁给了他。公冶长真的进过监狱，这里就有一个很有意思的传说。据说公冶长天赋异禀，听得懂鸟语。他有一次游学回家，刚到鲁国边境就听到鸟儿的对话，它们说有个地方有具尸体已经肠穿肚烂了，大家赶紧去吃。再往国内走，他碰到一位哭寻儿子的老太太。公冶长想起鸟儿们说的话，就把地址告诉了老太太。老太太去找，果然发现了儿子的尸体。结果她却把公冶长告了，理由是大家找了这么久都找不到，怎么就公冶长知道尸体的地方？肯定是他杀的！地方官便把公冶长抓去问话，公冶长就说自己懂鸟语。地方官一听，匪夷所思，就把他关起来了。公冶长说自己可以证明给长官看，他就在监狱里蹲着等机会。监狱里有一个小窗子，有天刚下完雨，小窗子上有几只鸟叽叽喳喳，说：快去吃米，快去吃米，某某地方翻车了，撒了很多米，有黄的，有白的，现在水一泡，那米都软了，赶紧去吃，赶紧去吃！公冶长抓住机会，马上把典狱官叫来，让其去某某地方看，那里一定有一辆装米的车出事故了。结果一看，果不其然，公冶长就洗刷了自己的冤屈。这个故事中蕴含着一种与万物交流的美好理想。

  孔子教书育人，获得了巨大的成功。《左传》中鲁哀公时期的记载，就屡次写到孔子学生的表现。这对于一生不得意的孔子，该是一点儿晚年的慰藉吧！

第十五章

『哲人其萎乎』：孔子之死

第十五章 "哲人其萎乎"：孔子之死

孔子死于前479年，即鲁哀公十六年，这也是《春秋》记事的最后一年。

吾道穷矣：孔子对大限将至的预感

鲁哀公十四年春，狩大野。叔孙氏车子锄商获兽，以为不祥。仲尼视之，曰："麟也。"取之。曰："河不出图，雒不出书，吾已矣夫！"颜渊死，孔子曰："天丧予！"及西狩见麟，曰："吾道穷矣！"

——《史记·孔子世家》

孔子对自己的死是有预感的。鲁哀公十四年（前481年），鲁国发生了一件奇事，《论语》《左传》《史记》都有记载，这一年春天，鲁哀公率鲁国一众贵族在鲁国西边的大野泽打猎，叔孙氏家有个武士猎到一只动物，像鹿又不是鹿，像马又不是马。一开始人们认为是不祥之物，请孔子看，孔子说是麟，猎物就被叔孙家取走了。孔子觉得麟忽然出现在鲁国的原野，应该是上天给的征兆，可这只神兽一出现就被射杀，太不吉利，孔子有大不祥之感。司马迁说："（孔子）及西狩见麟，曰：'吾道穷矣！'"（《史记·孔子世家》）孔子觉得，这是他的理想难以实现的征兆，悲从中来，他还曾说："河不出图，雒不出书，吾已矣夫！"类似的话也见于《论语·子罕》，即"凤鸟不至，河不出图，吾已矣夫！"词句略微不同而已。

据《论语·子罕》，孔子说到了凤凰，说到了河图，孔子这样说，有他的历史依据。据说周文王受命时，大批凤凰飞到周原附近的岐山之上，所以有"凤鸣岐山"的典故。当时是否真出现了凤凰呢？所谓鸣于岐山的"凤凰"其实就是孔雀。何以见得呢？在西周中期的一些青铜器上，有长冠大尾的鸟的图案。在一件同期的青铜器上的大鸟图案，清晰地显示出孔雀翎子上的圆形斑点。以今天的科学解释，孔雀是热带禽类，忽然飞到今天的陕西周原一带，应该是气候环境变化所致。当时正值周人崛起，周人就把这反常现象当成了得天命的祥瑞。至于河图，也不好完全视为当时的子虚乌有迷信。古代祭祀河流，要杀牲，还要沉玉，比孔子还要早千百年的古人，就能够在玉器的表面刻画图案，书写符号。凌家滩出土的玉器上，有复杂的刻画，很可能是观测天象用的法器。这样的玉器若是被更老的古人沉到河里去,多少年后,因为某些特殊因缘重新被人发现也是可能的,恰好被后人当作祥瑞的征兆也是自然的。就是在今天,考古每有重大发现,不也是令人兴奋的吗?孔子很相信凤凰、河图、洛书的出现是天下太平的吉兆,其中固然有迷信误解的因素,但还不是怪力乱神。

生离死别:爱子与爱徒离世的打击

于是子路欲燔台,蒉聩惧,乃下石乞、壶黡(yǎn)攻子路,击断子路之缨。子路曰:"君子死而冠不免。"遂结缨而死。孔子闻卫乱,曰:"嗟乎,由死矣!"已而果死。

——《史记·仲尼弟子列传》

孔子接连发出"西狩见麟"以及由此而发的"凤鸟不至""吾道穷矣"之类的浩叹,还有生命大期将至的预感,作为一个已过古稀之年的人,本来就易有这样的感觉,更何况,孔子在晚年又经历了丧爱子、丧爱徒之痛!

首先孔子唯一的儿子孔鲤先他而去了。孔鲤大概死于鲁哀公十二年(前483年)。中国人有所谓人生三大不幸,老来丧子即其一。孔鲤死,做父亲的悲伤可想而知。之后不久,更严重的伤痛接踵而至。孔子最心爱的弟子颜渊，也去世了。《论语·先进》篇中记载，颜渊死后，孔子高呼："噫！天丧予！天丧予！"去给颜渊吊孝时，孔子"哭之恸"，悲痛欲绝，按礼法，哭人要有腔调，孔子见到颜渊的灵柩，哭不上腔调来，就在那里抽噎。有人提醒他违礼了，孔子先是说："有恸乎？"意思是，我有吗？之后，他觉得别人说得不错，就说："非夫人之为恸而谁为！"他死了，我不恸哭，我还给谁恸哭呢？颜渊之死，给孔子打击很大！

两次生离死别，已经让人痛苦不堪，但伤痛还没有结束。鲁哀公十五年（前480年），孔子喜爱的另一位学生子路，也死在外面了，而且死得好惨！

颜渊死后，孔子大病一场，陪在身边照料他的是子路。《论语·子罕》篇记载，孔子当时病得很重，子路觉得老师不行了，"使门人为臣"，让其他同学扮作家臣模样，准备给老师办后事。子路这个人，像孔子曾表扬他的那样，"衣敝缊袍，与衣狐貉者立，而不耻"，穿着破烂的袍子与穿貉或狐狸皮大衣的人站在一起，不觉得自己矮一截子。在一般生活中的表现，子路可以脱俗，可在老师的丧葬一事上，却难以免俗。他想把老师的丧礼办得像贵族人家那样风光，所以叫同学们做假。躺在床上的孔子，眼看着学生们如家臣般打扮，在自己眼前晃来晃去的，有心制止，却顾不上，他病得实在太重。过了几天，稍微好些，能说话了，开口就骂子路："久矣哉！由之行诈也，无臣而为有臣。吾谁欺？

欺天乎？且予与其死于臣之手也，无宁死于二三子之手乎？且予纵不得大葬，予死于道路乎？"他说好些日子了，你子路弄些骗人的勾当！我本来没有家臣，被你搞得像有家臣一样，我这是要骗谁！骗老天吗？难道我死在你们这些学生手里就不好吗？难道我被学生送了葬，就不如死在一大帮奴仆手里好看吗！你们不是也把我埋了吗？难道我学生办丧事就是把尸体扔在道路上了吗？到这时候，孔子做人还是不要虚伪的排场。《论语·述而》篇中还记载一件事："子疾病，子路请祷。"孔子生病时，子路向各方神明祈祷，请求各路的神灵照顾一下自己的老师。孔子也不同意，说"丘之祷久矣"！我一生诚心诚意做人，对天地人神问心无愧，就是最好的祈祷，还用得着谁替我临时抱佛脚！

能跟子路生气了，表明老师的身体好多了！

见老师身体状态稳定了，子路就离开了鲁国到卫国去做事，本想挣些俸禄就回来的，可这一去再也没回来！

前面说过，孔子周游列国之初，正赶上作风不正的卫灵公宠姬南子与太子蒯聩闹翻，太子被逼出逃。孔子周游列国即将结束的时候，又赶上太子蒯聩的儿子卫辄（即卫出公）继位做了国君，蒯聩在晋国执政赵简子的扶持下与自己的儿子对峙。卫辄很想用孔子，但讲究"危邦不入，乱邦不居"的孔子没有蹚这道浑水，离卫返回了鲁国。但蒯聩和儿子卫辄的对峙还在继续，就像脓疮，总有发痈决溃的那一天。很不幸，这事让子路撞上了。

鲁哀公十五年，蒯聩胁迫卫国大夫孔悝（孔文子之子，蒯聩的外甥）作乱，将自己的儿子轰下了台。在这场叛乱中，实心眼的子路干了件实心眼的事儿，断送了自己的性命。蒯聩作乱时，子路和他的同学子羔恰好都在卫国为官，子路任孔悝的邑宰，子羔任卫大夫。平时孔子总说子羔"愚"，面对卫国的内乱，子羔倒不愚，选择了离开，而且他也劝子路走，但子路不干，说："食其食者不避其难。"吃人家俸禄就得想着为人消灾，不能跑！子路就跟蒯聩一伙干上了。战斗中，子路头上的帽带子被敌人砍断。生死关头，子路却说："君子死而冠不免。"（《史记·仲尼弟子列传》）意思是，我可以死，但帽子不能歪。于是他就去系帽带子。真有他的！帽子是正了，但人却被敌人打倒了，据说子路最终被踏成了肉酱，就这样死在了卫国！子路这样死去，没有顾及远在鲁国的年迈的老师。他的老师正挂念着他呢！

孔子说子路登堂未入室是对的。孔子也是讲权变的，像子路战场上系带子这种事，孔子肯定不干，也不会同意他人在战场上这么干。但是"子路有闻，未之能行，唯恐有闻"（《论语·公冶长》），子路听到一个好道理，未能付诸行动之前，就不听其他道理。这就是子路的赤诚真挚，简单纯真，像个大男孩儿！只有他做得出在生死关头还注重礼仪去系帽带子的事！

不久，卫国发生内乱的事就传到了鲁国。孔子听说了，就说，这一回，子路怕是回不来了！果然不出所料，没多久，子羔就把子路战死的噩耗带给了孔子。孔子听罢，号啕大哭！《公羊传》记载，孔子坐在庭院哭子路，为战死他乡的子路招魂，哭着还大叫道："天祝予！""祝"就是"断"，与哭颜渊"天丧予"意思一样。哭完以后，老眼昏花的孔子，见到家里腌肉的酱缸，想到了子路死时的惨状，又是无言地落泪，就让人把酱缸全都倒空了。从此他再也不吃肉酱了！

冉有背叛：孔子与聚敛之徒决裂

季氏富于周公，而求也为之聚敛而附益之。子曰："非吾徒也，小子鸣鼓而攻之，可也！"

——《论语·先进》

孔子晚年的不幸不仅仅是丧子、丧徒这样简单，让他难以释怀并对他构成打击的，还有学生的背叛！这个学生就是冉有。

今天去孔庙，还可以看到冉有的塑像。可按照《论语》的记载，他是应该被请出孔庙的。孔门"政事"科头一名就是冉有，此人很聪明，孔子还夸过他多才多艺，让人向他学习；他在孔子返鲁这件事上，作用也很大。从文献资料上看，孔子周游列国时，冉有并没有全程跟随，大概在第一次到卫国后，他就返回鲁国，投身政坛，慢慢坐上了季氏宰的位子，成了鲁国政坛上的关键人物。鲁国曾与齐国打过一仗，名为清之战，冉有表现突出，对他爬上高位起了很大作用。文献显示，正是因这一仗，季康子对孔子有了兴趣，孔子因而得以回国。可老师是接回来了，学生的心却变了。冉有从政以后就慢慢变化，越变越出格，与孔子也渐行渐远，直至反目。

明确显示孔子与冉有反目的文字见于《论语·先进》篇。它是这样记载的："季氏富于周公，而求也为之聚敛而附益之。子曰：'非吾徒也，小子鸣鼓而攻之，可也！'"直接将他逐出了师门。到底发生了什么，使孔子这么愤怒呢？因为聚敛。孔子和儒家痛恨聚敛，《大学》不惜引孟献子的话说："与其有聚敛之臣，宁有盗臣。"国家宁愿有"盗臣"，也不要出聚敛之臣！"盗臣"其实就是贪污分子，贪污现象令人痛恨，但是，在儒家看来，"聚敛"对民众的伤害，远远比盗臣来得大。"盗臣"贪污，见不得人，要小心翼翼，贪污还得有时机限制，再大的贪污，也有其限度。但是国家一旦出现聚敛之臣，一项敲剥民众的政策执行下去，就会对全体国民造成长久的伤害。实际上，对儒家而言，聚敛之臣、盗臣，都不想要，这句话的真意不外是强调聚敛之臣的可恶是无以复加的。这样的态度，应该是始于孔子的，看《论语·颜渊》载有若的话："百姓足，君孰与不足？百姓不足，君孰与足？"是可以推知的。民富才是最终的富，是儒家在经济上一个很有针对性的观点，可以视为孔子的思想。明白了这一点，就可以体会孔子对冉有帮助季氏家敛财的愤怒了。句中的"周公"不是指周公旦，而是他的后裔，就是自西周至春秋，世世代代做周公的那个世家大族。孔子的意思是说，鲁国的季氏比世代做周公的家族还富裕，现在还要聚敛，而且是冉有在助纣为虐，实在可恼，不可原谅！

这件事情发生在鲁哀公十一二年间，当时孔子刚周游列国返鲁。冉有就"田赋"征求孔子的意见，孔子明确表示反对。《左传·哀公十一年》记载，对孔子的意见，冉有"弗听"。接着第二年春天就出现了"用田赋"（《左传·哀公十二年》）。就是说，在周游列国回国不久，孔子就公开号召其他门徒对自己这位多才多艺的学生"鸣鼓而攻之"了。此后的冉有，也许表面上还会与老师来往，甚至还会恭敬地执弟子礼，但已经不折不扣地成了"聚敛之臣"。以孔子的是非观，冉有就是再恭敬，老师因学生由芳草化为芜秽而生的失望、绝望，难道是可以挽回的吗？

泰山倾颓：生命虽远去，精神不死

太史公曰：《诗》有之："高山仰止，景行（háng）行止。"虽不能至，然心乡往之。余读孔氏书，想见其为人。适鲁，观仲尼庙堂车服礼器，诸生以时习礼其家，余祗回留之不能去云。天下君王至于贤人众矣，当时则荣，没则已焉。孔子布衣，传十余世，学者宗之。自天子王侯，中国言六艺者折中于夫子，可谓至圣矣！

——《史记·孔子世家》

　　学生的背叛，爱子、爱徒的离去，是孔子晚年承受的一系列伤痛。鲁哀公十六年（前479年），孔子七十三岁了。这一年的夏历四月四日的夜间，孔子做了一个奇怪的梦，梦见自己处在堂室的两根明柱之间，有人在堂下的庭院里向自己行礼。孔子醒来，马上意识到，自己的大限将至。据《礼记·檀弓》篇记载，第二天早晨，身体虚弱的孔子，背着手，拖着手杖，在自家的门前徘徊散步，低回婉转地唱起了歌："泰山其颓乎？梁木其坏乎？哲人其萎乎？"泰山要崩塌了吗？做栋梁的木头要坏了吗？智者要萎绝了吗？歌声并不大，但是传得却很远。孔子唱完了，缓步回到自己屋子里，对着窗户坐下，望着远方。

　　这时陪在孔子身边的是子贡，他听到了老师低回的歌声，感觉大事不好，泰山倒塌了，我们还仰望谁，梁木坏了，哲人没了，我们还依靠谁？老师这样唱，是老师的生命要终结啊！子贡心里嘀咕着，就赶紧趋步来到孔子跟前。孔子说："赐啊！你来得为何这样晚啊？我马上就要离开你们了！"子贡赶紧劝慰，说些吉利的话。但是，平静的孔子并不理会。他接着说："夏代停殡，是停在东阶上，属于堂前行礼时主人在的地方。到后来殷商时，就停殡在两根明柱之间了，也就是堂上行礼时，介于主宾之间的地方。到了周代，停殡就停在西阶上了，亡故的人就成了要离开的'宾'了。我孔丘是殷人后裔，昨晚我梦见自己坐在两根明柱之间，人家给我行礼。我是个平头百姓，没有明王出世，我算什么呢？天下哪个人让我坐在两根柱子之间向我行礼呢？看起来，梦中的情形，是我要死的征兆啊！"

子贡听罢，五内俱摧，无言而泣……

此后，孔子病发，躺在床上七天之后，离开了这个让他既爱又恨的人世。

孔子死后被葬在了鲁国都城城北不远的泗水之旁。

诸弟子如丧考妣。他们需要仪式，需要礼，以便庄严地表达他们的悲哀之情。可是，弟子如何给老师举哀，当时尚未有成例。这时候，还是聪明的子贡想起往事，说颜渊死的时候，老师举哀所行的礼，是父亲为儿子举哀的礼，只是不穿丧服。现在我们也这样做，犹如父亲去世，行三年之孝，也不穿丧服。大家同意，于是学生们就像给父亲服孝三年一样，给孔子行三年之孝，称为心丧。三年孝满后，大家洒泪而别。子贡却没有走，他舍不得走，又守了三年。

此后，学生们不断前来祭拜孔子陵墓，还带了各自家乡的树种，种在老师的墓旁，久而久之，树木成林，就有了"孔林"。其中有一种楷树，是子贡带来的。今天的曲阜，有人还知道它的来历，说这种树的名字不读"楷"，要读成"皆"。应该是有这些树的缘故吧，孔子的墓地不生荆棘杂草！

若干年后，司马迁来到鲁国，缅怀孔子，写下《史记·孔子世家》，为这位读书人的老祖宗青史留传。在《孔子世家》的最后，司马迁动情地写道："《诗》有之：'高山仰止，景行行止。'虽不能至，然心乡往之。"孔子像高山，像通向无边天际的大路，令人仰望，令人憧憬，虽然不能到达山顶，也走不到路的尽头，人们的心却无限地向往。又说："余读孔氏书，想见其为人。适鲁，观仲尼庙堂车服礼器，诸生以时习礼其家，余祇回留之不能去云。"读儒家经典时，总是忍不住在心中勾勒孔子的形象，这次到了鲁国，看到他用过的车，穿过的衣服，操演过的礼器，就像看到孔子本人一样，我徘徊其间，久久不愿离去。司马迁感慨道："天下君王至于贤人众矣，当时则荣，没则已焉。孔子布衣，传十余世，学者宗之。"自古君王贤人如过江之鲫，他们生前享一世荣华，死后却身名俱灭，吹灯拔蜡。孔子虽然一介布衣，可他的家族十世不衰，至今仍然受人尊敬。而且，"自天子王侯，中国言六艺者折中于夫子，可谓至圣矣"！而且从天子到诸侯，只要是谈经典，都得以孔子的是非为标准，有如此影响的人，就是圣人呀！这段文字很精彩，醇厚的语言里蕴藏了对孔子的仰慕之情。活着的时候，孔子虽然没有成功实践自己的政治理念，死后却为后人留下了影响深远的经典。司马迁将自己对孔子的崇敬之情，融入他的笔法中，写出了千载志士仁人的心声。

尾　声

孔子是一个大生命

孔子到底是个什么样的人？这个问题的讨论还有点儿小小波澜，某家电视台曾做过一档节目，辩论孔子究竟是"丧家狗"还是"圣人"。两种说法都不是现在才有的。孔子在的时候，有人就说他是仁者、圣人，但是，孔子并不承认。《论语·述而》中，他就说过："若圣与仁，则吾岂敢？抑为之不厌，诲人不倦，则可谓云尔已矣。"他说"圣"与"仁"的称号，我哪里当得起！若说我是走在"圣"和"仁"的路上的人，倒是说对了。有趣的是，"丧家狗"这个称号，他倒是认下了。前面我们曾谈到过孔子在郑国和弟子们走散的故事，有人形容他额头像谁，脖子像谁，肩膀像谁，孔子认为都是"末也"，不达实际，倒是对"丧

家狗"的形容，孔子说："然哉！然哉！"（《史记·孔子世家》）

"丧家狗"起码有两种说法：一种是"丧了家"，找不到家的狗；还有一种是"丧家"（"丧"读平声）的狗，就是主人刚刚死去，围绕在棺材周围惶惶无主的狗。读法有异，意思微别而已。孔子的意思是说，别人对他外形的描述，是细枝末节，不打紧，说他是"丧家狗"，倒是很传神。孔子带着一些弟子到处周游，无所安身，可不就像是丧家狗！这里，孔子幽了自己一默！

不过，孔子可以自我调侃，而后人也用"丧家狗"来评定他，就难免不知轻重和深浅。诚然孔子一生都没能实现自己的政治理想，没有找到政治归宿，但这只是现实层面的失意。从精神层面看，孔子却拥有一个常人无法想象的、乐观通透的精神世界。现在有各种孔子的传记，但是最先为他写传的，却是孔子自己。请看《论语·为政》："吾十有五而志于学，三十而立，四十而不惑，五十而知天命，六十而耳顺，七十而从心所欲不逾矩。"这不就是一个首尾颇完整的微型传记吗！孔子自述，他从十五岁开始立志学习。三十岁这年学有所成，知礼法，能按照礼法独立与人交往。四十岁时人生方向更加坚定，对自己这辈子的使命不再疑惑。到五十岁的时候，知道向着自己的志向前进，能做到何等地步，天生的能量到底有多大，也大致心中有数，就像爬山，虽未到顶，但究竟能爬多高，远望能看到多少景观，已经大致清楚了。六十岁时听什么都觉得顺耳了。七十岁时干什么都不会破坏规矩了。后面两句，是在说老年人的一种自由。古罗马哲学家西塞罗有一篇《论老年》讲述类似的道理，文字颇长，但孔子说老年的自由境地，简短十几个字就说清楚了。在这篇微型传记中，十年一个境界。活到七十三岁甚至更高龄的人有的是，但顺着日子一天天地活，却难以有这样的境地攀升。孔子曾经赞美颜渊"吾见其进也，未见其止也"，这句话用在他自己身上也很合适。孔子这一辈子都在奋斗。简而言之，这是一个奋进人生的简短记录。

这个微型传记，也可约括为：少年要有功夫，中年要有成就，老来才会有境界。巧的是，在《论语》中，还可以看到相反的人生，这就是孔子骂原壤所表露的。《论语·宪问》篇记载，晚年的孔子看到自己的老朋友原壤在那里"夷俟"，"夷俟"大概是叉开腿坐着的意思，可能是原壤叉开腿在墙根晒太阳吧。在北方农村，冬天还可以看到老汉那样晒太阳。现在的老汉这样做不让人觉得难堪，因为现在裤子做得很好。可是在孔子那个时代，制作裤子的技术还不行，那时男人的服装，上身下身相连，是一个类似今天筒裙似的长衣。上身外披短衣，叫作衣；下身从腰间再围一宽口的裙；腿上为了保暖打绑腿，实际是不穿裤子的。所以原壤叉开腿晒太阳，不雅观。总之"原壤夷俟"是不体面、老没出息的表现。孔子看见不顺眼，上去就说"幼而不孙弟，长而无述焉，老而不死是为贼"，并"以杖叩其胫"。说你小时候不知道孝悌，没学会做人；长大了以后也毫无建树，人们说起你，一件体面的事情都没有；到老了，要是早点儿死了，也不至于还在这里一副老不羞的样子，一辈子活得像贼偷了一个人身过活！一边说着，一边还用手里的拐杖，在原壤的小腿上敲了两下。少年不学好，中年没做事，老了没正经，这不是与奋进的人生恰成一鲜明的对比吗？

　　《论语》中孔子总结了自己奋斗上升的人生。其实，站在后人的角度，孔子的人生少、中、老三阶段，还可以作另外的总结：幼年丧父，中年无妻，老来丧子又丧徒。老观念认为的人生三大不幸，他都有。说他幼年丧父，老来丧子又丧徒没有问题，孔子中年怎么又"无妻"呢？是的，孔子出过妻，用现在的话说就是离过婚。这一点，见诸《礼记》，无可否认。孔子之妻为亓官氏，宋国人，孔鲤生母。至于为什么离异，儒家文献不载。料想孔子整天以天下为己任，周游列国，家里柴米油盐酱醋茶，一样也不管，就难免受唠叨。古代出妻，有所谓"七出"之条，"多口"即其中之一。当然这只是猜测。反正孔子与老婆关系不好，最后各过各的，也自然。

　　总之孔子的一生坎坷，靠山山倒，近河河干。何以这样说？孔子一辈子寻找实现政治理想的机会，净遇到齐景公、卫灵公、季桓子这些人，晚年有个楚昭王带一点儿仁者的意思吧，孔子前去投奔他，还没有见到人，楚昭王就死去了！这不是让人惋惜的吗？从这个层面说，他确是像个惶惶然的丧家狗。当他穷途末路时,叶公问子路,孔子是个什么人啊?子路被问住了。孔子知道后,说,我是个什么样的人啊?我是个"发愤忘食,乐以忘忧,不知老之将至"(《论语·述而》)的人!可见,精神层面上的孔子何尝丧家?我们不能以现代人的傲慢去诋毁一个古人。孔子一生不论身处何地,有如何的境遇,他始终不忘自己的理想。为了这个理想他周游列国十四载,尝尽人世间的辛酸苦楚,虽然一直碰壁,但从未放弃。在春秋末年那个黑漆漆的乱世,这一"仁"道的主张为苦难的人世留下了光亮。他一辈子的坚持,展示的是一个生命的大格局。即使不从思想的角度,单从审美的角度看,孔子的生命也是悲壮的。非议孔子,若是得当,是可以的,但若是以小人之心度君子之腹,那就该受到子贡那句话的奚落了:"人虽欲自绝,其何伤于日月乎?多见其不知量也!"

不论你是尊孔、反孔,还是批孔,你都必须承认孔子很重要,他的人生哲学在两千多年的时间里影响了每一代中国人。就从这点说,在反孔、批孔之前,也先要老实地了解孔子。孔子是一个大生命,他一生奋进,一生坚持理想,一生都在乐观中不断攀升进取,他那种对理想的坚持和撞了南墙也不回头的执着,都不是凡夫俗子、小愤青、老愤青可以做到的。孔子的人生是非凡的人生,是有血气、有理想支撑的人生。

"圣人""仁者"对他的形容,太老套。

我要说,孔子是一个大生命!

孔子年表简编

公元前563年（鲁襄公十年）

　　偪阳之战，叔梁纥随鲁卿孟献子参战，在鲁国军队中伏时，叔梁纥举起城门，助鲁军脱困，以此获得战功。

公元前556年（鲁襄公十七年）

　　齐鲁防之战，叔梁纥率甲士三百夜袭齐营，护送臧纥突出重围，至旅松鲁军驻地，后又返回防邑守城，齐军久攻不克而退军，叔梁纥因此再立战功。

公元前551年（鲁襄公二十二年）

　　夏历八月二十七日，公历九月二十八日，孔子生于鲁国陬邑。孔子父为叔梁纥，乃陬邑大夫，年已68岁；孔子母为颜徵在，乃鲁国大族颜氏第三女，年方17岁。

公元前549年（鲁襄公二十四年）

　　孔子3岁。叔梁纥卒，母颜徵在携孔子迁居曲阜阙里，生活清贫。

　　孔子嬉戏，常陈俎豆，设礼容。

公元前535年（鲁昭公七年）

　　孔子17岁。母颜徵在卒，孔子将母亲与父亲合葬于曲阜城东之防山。

公元前534年（鲁昭公八年）

　　孔子18岁。季氏飨士，孔子要绖而往，为阳虎绌，孔子由是退。（依《史记·孔子世家》推测，孔子"要绖"，乃在母丧后一年，故系于此。）

公元前533年（鲁昭公九年）

　　孔子19岁。娶宋国亓官氏为妻。

公元前532年（鲁昭公十年）

　　孔子20岁。生子鲤（字伯鱼）。

公元前525年（鲁昭公十七年）

　　孔子27岁。郯子来朝，孔子见之，向其请教上古官名。孔子为鲁之委吏、乘田当在此前。

公元前522年（鲁昭公二十年）

　　孔子30岁。孔子初入鲁太庙当在此前。孔子于是年始设教授徒。颜无繇、仲由、曾点、冉伯牛、闵损、冉求、冉雍、颜回、高柴、公西赤诸人先后从学。

公元前518年（鲁昭公二十四年）

　　孔子34岁。鲁孟僖子卒，遗命其二子孟懿子及南宫适师事孔子学礼，此时二子尚未成年，其正式从学当在此后。

公元前517年（鲁昭公二十五年）

　　孔子35岁。鲁三桓（孟孙氏、叔孙氏、季孙氏）共攻昭公，昭公奔齐，孔子亦于是年适齐，在齐闻《韶》乐。齐景公问政于孔子。

公元前516年（鲁昭公二十六年）

　　孔子36岁。自齐返鲁。

公元前515年（鲁昭公二十七年）

孔子37岁。吴公子季札适齐返吴，其长子卒于途，葬嬴、博间（约在今泰安与莱芜之间），孔子自鲁往观其葬礼。

公元前505年（鲁定公五年）

孔子47岁。鲁季氏宰阳虎执季桓子，盟而释之，由是益轻季氏。是年，季氏家臣公山不狃任费邑宰。阳虎欲见孔子，当在此后。

公元前502年（鲁定公八年）

孔子50岁。阳虎与公山不狃欲执季桓子，季氏以计逃，乃与孟孙、叔孙二家共攻阳虎，阳虎奔阳关。是年，公山不狃以费邑叛季氏，召孔子，孔子欲往，为子路所阻。

公元前501年（鲁定公九年）

孔子51岁。鲁阳虎奔齐。孔子始出仕，为鲁中都宰。

公元前500年（鲁定公十年）

孔子52岁。由中都宰为司空，又为大司寇。是年，相鲁定公与齐景公会盟于夹谷。

公元前498年（鲁定公十二年）

孔子54岁。子路为季氏宰，孔子将隳三都。叔孙氏隳郈。季氏将隳费，公山不狃与叔孙辄率费人攻曲阜，定公逃入季氏家，公山不狃为孔子败，而奔齐，遂隳费。孔子又欲隳成，为孟孙氏家臣公敛处父所阻，孟孙亦不隳成。自此，三家共抵孔子。

公元前497年（鲁定公十三年）

孔子55岁。去鲁适卫，开始周游列国，弟子颜渊、闵损、冉耕、冉雍、冉有、子路、宰我、子贡等从游。

公元前496年（鲁定公十四年）

孔子56岁。去卫过匡。晋佛肸来召，孔子欲往，不果，重返卫。

公元前495年（鲁定公十五年）

孔子57岁。始见卫灵公，初仕卫，见卫灵公夫人南子。

公元前494年（鲁哀公元年）

孔子58岁。卫灵公问陈，或在此年。孔子去卫，当在第二年。

公元前493年（鲁哀公二年）

　　孔子59岁。卫灵公卒。

公元前492年（鲁哀公三年）

　　孔子60岁。孔子由卫适曹，又适宋，宋司马桓魋欲杀之，孔子微服去，适陈。

公元前489年（鲁哀公六年）

　　孔子63岁。吴伐陈，孔子去陈。绝粮于陈、蔡之间，遂适蔡，见楚叶公。又自楚返陈，自陈返卫。

公元前488年（鲁哀公七年）

　　孔子64岁。再仕于卫，时为卫出公五年。

公元前484年（鲁哀公十一年）

　　孔子68岁。鲁季康子召孔子，孔子返鲁。

　　自其去鲁适卫，先后凡十四年而重返鲁。此后乃开始其晚年之教育和撰述，有若、曾参、言偃、卜商、颛孙师诸人皆先后从学。

公元前483年（鲁哀公十二年）

　　孔子69岁。孔鲤卒。

公元前481年（鲁哀公十四年）

孔子71岁。颜回卒。齐陈恒弑其君，孔子请讨之，鲁君臣皆不从。是年，鲁西狩获麟，孔子《春秋》绝笔。

公元前480年（鲁哀公十五年）

孔子72岁。蒯聩乱卫，子路死于卫难。

公元前479年（鲁哀公十六年）

孔子73岁。子贡来见孔子，闻孔子有"泰山其颓"之歌。不日，孔子病不愈而卒，弟子葬其于曲阜城北泗水畔。嗣后，众弟子守墓三年，子贡守墓六年。

孔子家谱

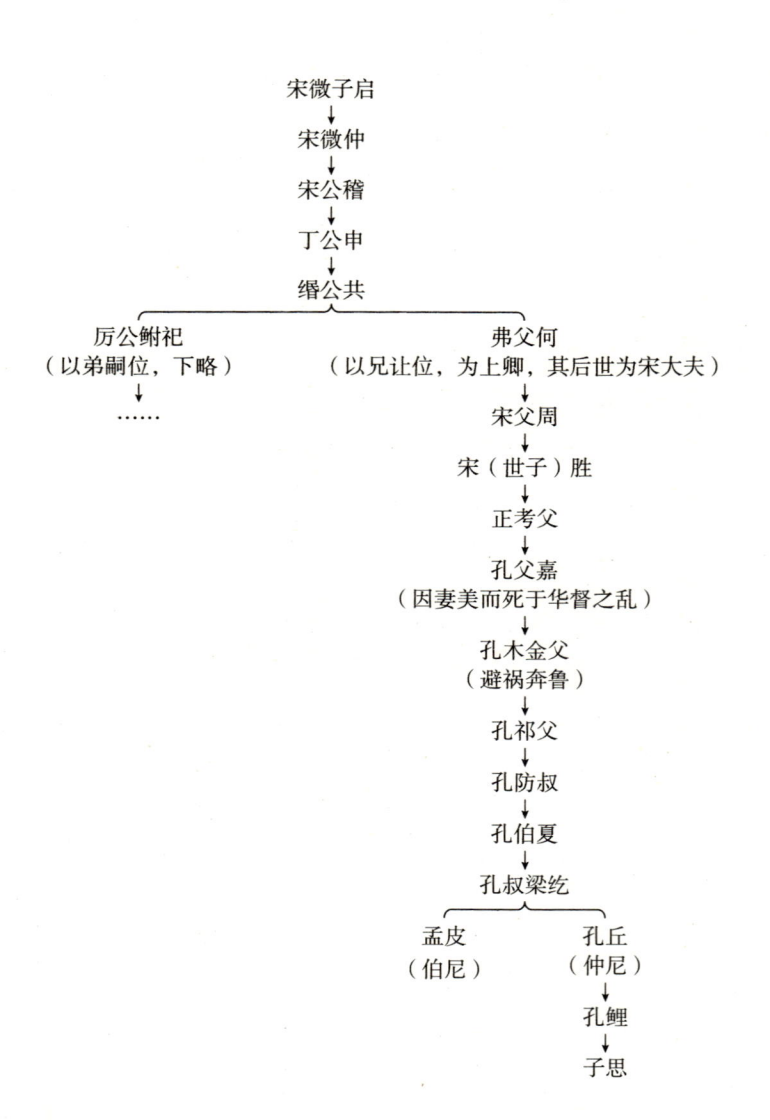

```
                    宋微子启
                      ↓
                    宋微仲
                      ↓
                    宋公稽
                      ↓
                    丁公申
                      ↓
                    缗公共
         ┌────────────┴────────────┐
    厉公鲋祀                    弗父何
（以弟嗣位，下略）        （以兄让位，为上卿，其后世为宋大夫）
       ↓                         ↓
      ……                       宋父周
                                 ↓
                              宋（世子）胜
                                 ↓
                               正考父
                                 ↓
                               孔父嘉
                        （因妻美而死于华督之乱）
                                 ↓
                              孔木金父
                            （避祸奔鲁）
                                 ↓
                               孔祁父
                                 ↓
                               孔防叔
                                 ↓
                               孔伯夏
                                 ↓
                              孔叔梁纥
                        ┌────────┴────────┐
                      孟皮                孔丘
                     （伯尼）            （仲尼）
                                           ↓
                                         孔鲤
                                           ↓
                                         子思
```

天壹文化